# 70人
## 창세기 10장의 족보 이야기

# 70人
## 창세기 10장의 족보 이야기

ⓒ 박대원, 2024

초판 1쇄 발행 2024년 9월 11일

| | |
|---|---|
| 지은이 | 박대원 |
| 펴낸이 | 이기봉 |
| 편집 | 좋은땅 편집팀 |
| 펴낸곳 | 도서출판 좋은땅 |
| 주소 | 서울특별시 마포구 양화로12길 26 지월드빌딩 (서교동 395-7) |
| 전화 | 02)374-8616~7 |
| 팩스 | 02)374-8614 |
| 이메일 | gworldbook@naver.com |
| 홈페이지 | www.g-world.co.kr |

ISBN  979-11-388-3532-9 (03230)

- 가격은 뒤표지에 있습니다.
- 이 책은 저작권법에 의하여 보호를 받는 저작물이므로 무단 전재와 복제를 금합니다.
- 파본은 구입하신 서점에서 교환해 드립니다.

# 70人
## 창세기 10장의 족보 이야기

박대원 지음

노아의 아들 셈과 함과 야벳의 후예는 이러하니라
홍수 후에 그들이 아들들을 낳았으니(창 10:1)

좋은땅

### 추천사

**성도들 마음판에 수놓아 가는 감명 깊은 구속사 에세이
70人 - 창세기 10장의 족보 이야기**

이 책은 하늘빛교회의 비전인 '주의 이름으로 일할 70명'(눅 10:17)을 세우는 것에 있다며 시작하고 있다. 이 70이라는 수는 구약과 신약을 관통하는 구속사의 한 주제이기도 하다. 저자는 70이라는 수를 휘선 박윤식 목사님의 구속사 시리즈를 나침반 삼아, 창세기 10장을 중심으로 설교한 것을 정리했다고 말한다.

창세기 10장에 기록된 노아 홍수 이후의 70명은 야벳의 자손들 14명과 함의 자손 30명, 그리고 셈의 자손 26명이다. 그 이름들을 통해, 하늘 생명책에 기록될 구속사 열매인 70명의 이름(눅 10:20)을 밭에 감춰진 보화를 캐내는 일꾼의 심정으로 설교한 것이다.

저자는 타락하여 죽을 수밖에 없는 무의미한 존재의 이름을 구원자 예수 그리스도의 이름을 통해 생명책에 기록되는 이름으로 바꿔 주는 구속사를 설교하고 있다. 때문에, **이 책은 족보에 기록**

된 이름과 그 배경을 통해, 우리가 간과했던 감춰진 하나님의 구속사를 성도들의 마음판에 한 땀, 한 땀 수놓아 가는 감명 깊은 에세이와도 같다. 잃어버린 한 영혼을 구원하시기 위한 하나님 아버지의 뜨거운 사랑의 구속사의 방편을 그 이름 속에서 찾아가는 거룩한 발걸음이다.

'혈통, 언어, 지역, 나라'라는 네 가지 기준으로 분리된 70인의 이름은 사분오열된 타락한 땅의 완전수와도 일치한다. 예수님을 십자가에 못 박은 군병들이 주님의 겉옷을 네 깃으로 나눈 것과도 같은 자멸하는 무지함의 역사이기도 하다(요 19:23). 이러한 타락과 사망이라는 땅의 수 4를 하나님은 회복과 거룩한 구원의 수 4로 기록하기 위해서, 생명수인 에덴의 네 강(비손, 기혼, 힛데겔, 유브라데)을 흘려보내신 것이다(창 2:10-14).

예를 들어, 저자는 '모세가 에디오피아 이방인인 구스 여인을 취한 사건'(민 12:1)을 '율법의 확장성을 보여 준다'고 설명한다. "율법을 가장 철두철미하게 지켜야 할 모세가 이방 여인을 아내로 취함으로, 이방인과 통혼이 금지된 율법에서 예외조항이 있음을 암시한다. 즉, 하나님께서는 이미 구속사의 지경을 이방까지 확장하실 계획이었으며, 그 대표적인 이방인으로 '구스 여인'을 택하셨다."고 설교하고 있다.

이처럼 이 책은 잃어버린 하나를 회복하기 위한 구속사, 즉 타락한 땅의 수 4를 완전한 구원의 수 4로 어떻게 회복되어 가는지를 70인의 이름을 통해 잘 보여 주고 있다. 이에 어두운 종말 속에서도, 택하신 성도들을 향한 하나님의 뜻깊은 속사정을 알기 원하는 모든 이들에게 이 책을 적극 추천한다.

메가포네 편집장 이재수 목사

## 구속사적 의미나 교훈을 찾기 어렵다고 스쳐 지나가는 성경 본문에 관심을 두게 하신 성령의 역사

　고단한 개척 현장에서 갈급한 심령을 채울 말씀을 묵상한 결실로 귀한 책이 출간됨을 먼저 축하합니다. 더구나 '70'이라는 숫자에 관심을 가진 것이나 '70'이라는 숫자를 창세기 10장 족보의 인물과 연결한 것은 아무나 하는 일이 아니었습니다. 대부분 그 속에 담긴 구속사적 의미나 교훈을 찾기 어렵다고 스쳐 지나가는 성경 본문에 관심을 두게 하신 성령의 역사인 줄 믿습니다. 기왕에 시작한 연구가 더 깊어지고 넓어져, 박힌 보석이 드러나듯 창세기 10장의 인물들에게서 하나님의 구속사적 교훈들을 제시해 주기 바랍니다. 나아가 성경에 있는 다른 '70' 수에 담긴 비밀들도 귀한 종을 통해 하나님께서 여실 것을 기대합니다.

하늘소망교회 장현 목사

## 인사말

**10년입니다.**

각 사람마다 하나님의 부르심이 있습니다. 교회는 그 부르심을 받은 사람들의 모임입니다. 그러므로 각 교회마다 그 소명이 분명히 있습니다. 그 사명을 감당하고자 기도하는 가운데 주신 응답이 바로 70인입니다. 처음에는 단순히 새로운 장소에 채워 주시는 숫자인 줄 알았습니다. 그러나 성경에 등장하는 70이라는 숫자는 깊은 의미를 가지고 있음을 알아 가게 되었습니다. 그래서 70명이 아니라 '주의 이름으로 일할 70명'을 세우는 것이 하늘빛교회의 비전입니다.

> 눅 10:17 칠십인이 기뻐 돌아와 가로되 주여 주의 이름으로 귀신들도 우리에게 항복하더이다

**처음에는 막연했습니다.**

지하의 작은 개척교회로 시작한 하늘빛교회는 무수히 많은 작은 교회 중 하나에 불과했습니다. 그러나 '하늘빛'이라는 이름에 합당

하게 '구속사 말씀'을 중심으로 '오직 예수'의 기치를 높이 들고 지역 사회에 빛과 같은 역할을 감당하고자 힘써 오고 있습니다.

지난 시간들을 돌아보면 참으로 막막했습니다. 작은 지하 교회, 열정은 있으나 노력으로 되지 않는 것이 작금의 현실임을, 사람들의 차가운 시선과 돌아서는 발걸음 뒤에서 침잠되었습니다. 그러나 반대로 오직 의지할 분은 하나님 한 분이었음을 고백하게 한 시간이었습니다. 그래서 처음에는 막연한 용기를 가지고 '구속사 말씀 전파'에 힘을 집중하였습니다. 하나만 생각했습니다.

그렇게 2014년부터 4월 26일부터 12월 13일까지 약 7개월간 매주 토요일에 진행된 구속사 사관학교를 통해 조금씩 사람들이 모이기 시작했습니다. 그로부터 1년, 2015년 12월 1일 순천 문화예술회관 소강당에서 제1회 하늘빛 교회 구속사 세미나를 개최하였습니다. 강당을 꽉 채운 인파에 할 수 있다는 소망을 발견하였습니다.

다시 2016년 6월 23일부터 매주 목요일, 지역교회 목회자들을 중심으로 '구속사 아카데미'를 시작하였습니다. 그러나 이때 장소의 한계를 느끼게 되었습니다. 지하 1층, 22평의 작은 교회는 찾아오시는 목사님들께 도전과 위안은 되지만 비전을 제시하지 못하였습니다. 또한 오늘날 한국 사회에서 지하 교회에 대한 성도들의 태도는 너무나 냉소적이었습니다. 이러한 상황 속에서도 매주 오직 구속사 말씀이 좋아 함께 예배하는 귀한 성도님들과 목회자들께 감사하지만 한편으로는 이제 장소의 개선을 놓고 기도할 수밖에 없었습니다.

**교회를 이끌어 가시는 하나님을 경험하였습니다.**

"이미 준비되어 있다."

교회 이전의 문제를 놓고 새벽에 부르짖는 가운데 "이미 준비되어 있다"는 너무나 생생한 음성에 그날 새벽예배가 끝나고 온 동네를 돌아다니며 마음속으로 어디 있느냐고, 어디에 준비되어 있느냐 묻고 물었던 그 시간이 지금도 가슴 벅차게 다가옵니다.

그때부터 새벽예배가 끝나면 주변 교회들을 그냥 둘러보았습니다. '이미 준비되어 있다면' 그냥 건물이 아니라 교회라고 생각되었기 때문입니다. 사실 부동산에 나온 매물을 찾아야 할 텐데 당시에는 그저 성령의 인도하심만 바라고 주변을 걷고 또 걸었습니다. 그런 중에 교회 옆 골목의 교회가 마음에 와닿았습니다. 성령님께서 강하게 마음에 확신을 주심을 느끼고 부동산을 하시는 권사님께 한번 방문해서 상황을 알려 달라고 부탁을 하게 되었습니다. 그리고 진실로 준비되어 있었음을 깨달았습니다. 마침 그 교회는 매매할 계획이 있었습니다. 다만 우리에게 계약금조차 치를 수 없는 금액이었습니다. 그런데 그날부터 매달 매매가가 천만 원씩 떨어지기 시작했습니다. 그리고 마침내 계약금을 치룰 수 있을 때, "이미 준비되어 있다"는 말씀에 의지하여 계약을 했습니다. 계약을 치르고 교회 재정은 1,870원이 남게 되었습니다. 아직 중도금과 잔금이 남았지만 주님이 주시는 평안이 있었습니다.

"하나님께서 시작하셨으니 하나님께서 마무리하실 것이다."
참으로 그러합니다. 마침 평강제일교회에서 공문이 내려왔습니다. '2017년 예산 지원 요청서'였습니다. 필요한 중도금 8천만 원을 지원하였고, 평강제일교회 당회를 거쳐 통과가 되었습니다. 그리고 계속하여 부족한 것을 채워 가시는 하나님, 온전케 하시는 하나님을 고백하는 일들이 곳곳에서 생겼습니다.

작은 교회의 사모는 당연하게도 할 일이 많습니다. 주일학교 교사와 반주자로 수고하면서 사모님 마음에 '새로운 성전에 가면 그랜드 피아노로 예배하면 좋겠다'는 소망이 있었습니다. 이를 위해서 장모님이 후원해 주셨으나 계약금을 치러야 하는데 재정이 부족하였고, 그대로 교회로 헌금하였습니다. 성전이 있어야 피아노도 있는 것이니 당연하지만 한편으로는 미안함이 있었습니다. 그런데 놀랍게도 하나님께서 피아노를 보내 주셨습니다. 이름도 밝히지 않은 타 교회의 권사님께서 그랜드 피아노를 헌물하신 것입니다.

"이미 준비되어 있다."
"맞습니다. 하나님께서 다 이미 준비하셨습니다!"

**이제 확실히 봅니다.**

2017년 5월 1일 새로운 성전에서 입당예배를 드렸습니다. 새로운 성전뿐 아니라 새로운 생명을 저희 가정에 주신 해입니다. 2017년 4월 17일, 셋째 은성이가 태어났고, 뜻밖의 은혜로 대한신학대학원대학교에서 박사 과정을 공부하게 되었습니다. 이처럼 새로운 일을 이루어 가시는 하나님의 역사에 간절히 교회의 갈 바를 놓고 기도할 때, 주신 말씀이 바로 '주의 이름으로 일할 70명'입니다. 70명의 이름은 이미 생명책에 기록된 이름입니다.

눅 10:20 그러나 귀신들이 너희에게 항복하는 것으로 기뻐하지 말고 너희 이름이 하늘에 기록된 것으로 기뻐하라 하시니라

저는 2017년 5월 10일 새벽예배 때 선포한 이 말씀을 여전히 붙잡고 기도합니다. 그리고 성경을 묵상하는 가운데 70이라는 숫자가 매우 중요하게 다가왔습니다. 사실 숫자를 중심으로 성경을 연구한다는 것은 '틀'을 만들어 두고 그 안에 맞춰서 '해석'하는 방식이 될 수 있습니다. 이러한 방식은 반드시라고 해도 좋을 만큼 '해석상 무리'를 하게 됩니다. 개인적으로 가장 중요하게 생각했던 기도의 내용도 여기에 있었습니다. 성경에서 말씀하시는 바에 집중하는 것입니다. 그렇게 시작된 70인의 설교는 창세기 10장에서 출

발했습니다. '70'이라는 숫자에 매여서 성경의 내용을 변질하지 않도록 늘 주의하고 경계했습니다. 특별히 휘선 박윤식 목사님의 구속사 시리즈가 기준이 되었습니다. 창세기 10장의 70인 가운데 함 자손의 경우, 구속사 시리즈 8권『하나님의 구속사적 경륜으로 본 횃불 언약의 성취 - 10대 재앙과 출애굽 그리고 가나안 입성』의 내용 중 '이해도움 1 함 자손의 계보'가 나침반과 같은 역할을 해 주었습니다. 그래서 이 책과 함께 휘선 박윤식 목사님의 『하나님의 구속사적 경륜으로 본 창세기의 족보』와 『횃불 언약의 성취』의 일독을 권합니다.

 창세기 10장의 인물들, 혹은 족속들은 대부분 성경에서 자세히 다루어지지 않습니다. 그러나 밭에 감춰진 보화를 캐내는 일꾼의 심정으로 살펴보았습니다. 그리고 부족하지만 하나님의 은혜에 기대어 하늘빛 교회 10주년을 맞이해서 책을 발간합니다.

 끝으로 10년의 세월을 한결같이 동역해 준 하늘빛교회 성도님들과 기도로 후원해 주신 양가 부모님들, 그리고 10년 전보다 더 아름다운 이경진 사모와 늘 힘이 되어 주는 은지, 은아, 은성 세 딸에게 사랑과 감사의 마음을 전합니다.

"감사합니다. 고맙습니다. 사랑합니다."

## 차례

추천사 ············································································· 4
인사말 ············································································· 8

## 전환점, 새로운 시작

70인, 홍수 후 아들들 ······················································ 20
홍수 후 후손들의 배열 ···················································· 23
그 세계와 나라대로 ························································· 26
- 혈통 ············································································· 28
- 언어 ············································································· 34
- 지역 ············································································· 42
- 나라(주권) ···································································· 48
- 하나 되는 성령의 역사 ················································· 56
70인의 이름 ···································································· 64

## 야벳의 후손들

고멜 ················································································· 74
야완 ················································································· 80

## 함의 후손

붓 ···················································································· 88
구스 ················································································· 91

니므롯, 특이한 사냥꾼 ·········································· 102

미스라임(애굽) ·················································· 107

저주 받은 가나안 ·············································· 119

시돈 ································································ 128

헷 ·································································· 141

여부스 ····························································· 152

아모리, 죄의 아비 ············································ 158

기르가스, 진흙땅 인생 ······································ 170

히위 ································································ 176

알가, 신, 아르왓, 스말 - 흔적만 남은 가나안 자손들 ······ 186

하맛, 북쪽의 경계 ············································ 197

## 셈의 후손

다른 엘람 ························································ 208

앗수르, 진노의 막대기 ······································ 211

아르박삿, 하나님의 영역 ··································· 219

셀라, 영역의 확장 ············································ 222

에벨, 강을 건넌 자 ··········································· 226

욕단, 동편 산 ·················································· 231


맺는 말 - 너희는 세상의 빛이라 ······················· 234

전환점, 새로운 시작

인류의 역사는 예수님 이전과 예수님 이후로 나누어져 있습니다. 노아의 인생은 홍수 전과 홍수 후로 나누어질 수 있을 것입니다. 이처럼 우리의 삶도 어떤 분기점이 존재합니다. 어떤 사람은 결혼일 수 있고, 어떤 사람은 자녀가 태어난 시점 또는 가까운 가족의 죽음 등이 하나의 분기점이 됩니다. 한 가지 분명한 사실은 이전의 삶도 중요하지만 이후의 삶이 더 중요하다는 사실입니다. 성경은 말씀합니다.

> 겔 33:12~15 인자야 너는 네 민족에게 이르기를 의인이 범죄하는 날에는 그 의가 구원치 못할 것이요 악인이 돌이켜 그 악에서 떠나는 날에는 그 악이 그를 엎드러뜨리지 못할 것인즉 의인이 범죄하는 날에는 그 의로 인하여는 살지 못하리라 가령 내가 의인에게 말하기를 너는 살리라 하였다 하자 그가 그 의를 스스로 믿고 죄악을 행하면 그 모든 의로운 행위가 하나도 기억되지 아니하리니 그가 그 지은 죄악 중 곧 그 중에서 죽으리라 가령 내가 악인에게 말하기를 너는 죽으리라 하였다 하자 그가 돌이켜 자기의 죄에서 떠나서 법과 의대로 행하여 전당물을 도로 주며 억탈물을 돌려보내고 생명의 율례를 준행하여 다시는 죄악을 짓지 아니하면 그가 정녕 살고 죽지 않을지라

과거 아무리 의인이어도 지금 죄를 지으면 과거의 의가 지금 구

원할 수 없습니다. 반대로 아무리 악인이어도 지금 회개하고 돌이키면 지금의 의가 구원을 받게 합니다. 이는 우리에게 전진하는 신앙의 길을 제시합니다. 과거의 신앙에 머무르지 말고, 매일 믿음 안에서 '앞으로의 삶'도 계속해서 올바른 길을 걸어가야 합니다.

## 70인, 홍수 후 아들들

우리는 먼저 본문을 통해서 홍수 후가 있음을 발견합니다. 창세기 5장의 족보를 보면 노아는 아담과도 동시대에 살지 않았습니다. 또한 홍수가 있던 노아 600세에는 모든 선조가 이 땅에 없었습니다. 다른 선조들이 몇 대씩 그 후손들과 동시대에 살았던 것에 비해서 홍수가 있기 바로 전에는 오직 노아와 그의 가족만 있었을 뿐입니다.

노아의 아버지 라멕이 다른 조상들에 비해서 777세로 단명한 것은 이러한 하나님의 구속사를 이루고 완성하기 위한 숫자로 이해됩니다. 7이라는 숫자가 완전수라고 할 때, 하나님의 역사는 노아 홍수를 중심으로 완전히 새롭게 시작되었음을 짐작케 합니다.

여기서 중요한 것이,
'하나님의 홍수 심판은 끝이 아니라 새로운 구원 역사의 시작'이라는 점입니다.

그리하여 노아의 이야기는 5장 족보에서 마치 드라마가 끝나고 다음 회를 예고하는 것과 같이 잠깐 등장하고 사라졌습니다. 그리고 6장부터 본격적으로 노아의 이야기가 시작되어 오늘 본문에 이르러 대단원의 막을 내립니다. 홍수 후, 분명 구원역사의 새로운 시작임을 의미하는 이 말은 창세기 10:1에서 구체적으로 나타납니다.

홍수 후에 그들이 아들들을 낳았으니

자녀를 낳는다는 것은 단절이 아닌 지속, 연결, 새로운 시작 등의 의미를 가진다고 할 수 있습니다. 홍수 심판 전까지 세 아들과 세 자부가 있었지만 후사가 없었던 노아 가정에 태(胎)의 문이 열린 것입니다.

분명 믿음의 가정인데 문이 닫힌 것처럼 막막할 때가 있습니다. 그러나 때가 되면 반드시 열립니다. 우리 가정마다 해결되어야 할 것들이 있습니다. 건강, 자녀, 사업 등. 아직 닫혀 있다고 낙망하지 말아야 합니다. 아직 홍수 후가 있습니다.

그리고 창세기 10:32을 보면 홍수 후 이들이 열국 백성이 되었습니다.

창세기 10:32 이들은 노아 자손의 족속들이요 그 세계와 나라대로라 홍수 후에 이들에게서 땅의 열국 백성이 나뉘었더라 이처럼 하나님이 여시면, 찔끔 열고 끝나는 것이 아니라! 활짝~ 세계가 놀랄 정도로 활짝 열립니다.

## 홍수 후 후손들의 배열

우리는 여기서 중요한 숫자적인 구성을 보게 됩니다. 노아 홍수 이후의 후손들이 딱 떨어지는 70명입니다. 여기에 아무 의미가 없다면 오히려 이상한 일입니다.

야벳의 후손들(2~5절)은 14명입니다.
함의 후손들(6~20절)은 30명입니다.
셈의 후손들(21~31절)은 26명입니다.

이러한 순서의 배열은 장자를 앞세우는 히브리적 표현과는 상이합니다.

창세기 10:1의 "노아의 아들 셈과 함과 야벳의 후예는 이러하니라 홍수 후에 그들이 아들들을 낳았으니"는 장자 순으로 배열한 것으로 이해됩니다. 이는 창세기 5장에서도 동일한 순서로 기록되어 있습니다.

> 창 5:32 노아가 오백세 된 후에 셈과 함과 야벳을 낳았더라

그럼 창세기 10장에서는 왜 야벳, 함, 셈의 순서로 기록하였을까요?

이는 히브리인들을 포함한 고대 근동에서 방향을 지칭하는 것과 관련성이 있는 것으로 보입니다. 동서남북에 익숙한 우리와는 달리 북남동서(창 13:14; 시 113:3)로 배열합니다.

창세기 13:14의 "롯이 아브람을 떠난 후에 여호와께서 아브람에게 이르시되 너는 눈을 들어 너 있는 곳에서 동서남북을 바라보라"는 부분에서 한글성경에서는 '동서남북'으로 번역하였습니다. 그러나 '히브리어 한글 대역 성경'에서는 "이제 너의 눈을 들어라! 그리고 네가 있는 장소에서부터 북쪽으로, 그리고 남쪽으로, 그리고 동쪽으로, 그리고 서쪽으로 보라!"고 직역합니다. 이는 본래의 성경의 어순으로 볼 때, '북남동서'의 순임을 의미합니다.

북남동서가 익숙한 이들의 문화에서 지역적으로 가나안 북쪽에 위치한 야벳 후손들부터 남쪽에 배치된 함의 후손들이 소개되고, 이후 가나안 동쪽 메소포타미아에 해당되는 셈의 후손이 언급되는 것으로 볼 수 있습니다. 이는 홍수 후 노아의 후손들이 흩어져 자리함을 서술하는 10장의 마지막 절과도 의미가 상통합니다.

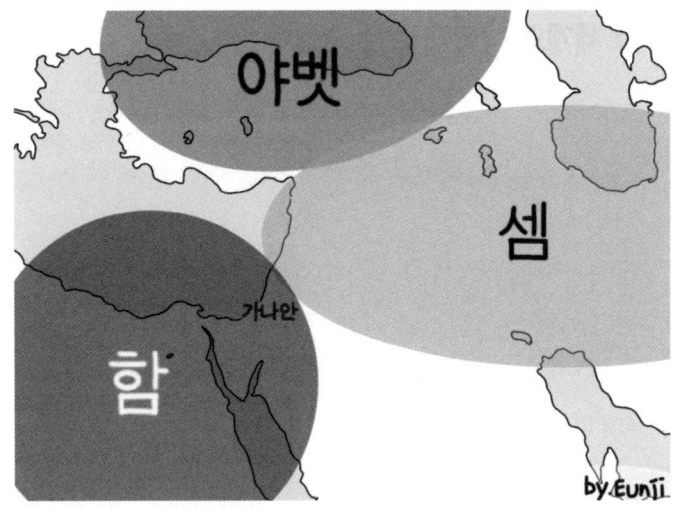

결국 이러한 배열은 창세기 10장의 70인에 있어서 지리적인 요소의 중요함을 강조하고 있습니다. 특별히 욕단의 후손들이 이동하는 경로에 그 관심이 집중되어 있습니다.

## 그 세계와 나라대로

창 10:32 이들은 노아 자손의 족속들이요 그 세계와 나라대로라 홍수 후에 이들에게서 땅의 열국 백성이 나뉘었더라

창세기에서 세상이 나누어진 결정적인 계기가 있다면 '바벨탑 사건'입니다. 나누어지려면 기준이 있어야 합니다. 사실 하나님께서는 나누기보다는 합하시는 분입니다. 아담과 여자도 한 몸을 이루라 명령하시고 이로써 온전케 하셨습니다. 그러나 우리의 완악함으로 자꾸만 나누어집니다. 예수님께서는 '완악'을 나누어짐의 이유로 설명하셨습니다. 그러므로 나누어지는 것이 아니라 '연합'이 본질입니다.

그러나 타락한 인간의 속성은 순간 합하였다가도 다시 각자의 생각과 이익을 따라서 나누어집니다. 이러한 속성에 대해서 잠언은 '무리에게서 스스로 나뉘는 자'라고 하였습니다(잠 18:1). 이들이 나누어지는 이유는 자기 소욕을 따르기 때문입니다. 참지혜를 외면하고 듣지 않습니다. 예수님 당시 권세의 말씀을 선포하셨지

만, 듣지 않는 자들이 대부분이었습니다. 오죽하시면 예수님께서 "귀 있는 자는 들으라"(마 11:15, 13:9) 한탄하십니다.

이처럼 인간은 '완악'을 가지고 서로 나누고 구별하는 선을 그었습니다. 이를 창세기 10장은 '그 족속과 방언과 지방과 나라'로 설명합니다. 야벳과 함, 그리고 셈으로 이어지는 70명의 순서도 '북남동서'의 지역적인 순서에 따랐음을 확인하였습니다. 마찬가지로 노아의 후손들의 족보는 혈통만이 아니라 네 가지의 기준이 있음을 보게 됩니다.

창 10:2 **야벳의 아들은** 고멜과 마곡과 마대와 야완과 두발과 메섹과 디라스요

창 10:5 이들로부터 여러 나라 백성으로 나뉘어서 **각기 방언과 종족과 나라대로 바닷가의 땅에 머물렀더라**

창 10:6 **함의 아들은** 구스와 미스라임과 붓과 가나안이요

창 10:20 이들은 함의 자손이라 **각기 족속과 방언과 지방과 나라대로이었더라**

창 10:21 **셈은 에벨 온 자손의 조상이요** 야벳의 형이라 그에게도 자녀가 출생하였으니

창 10:31 이들은 셈의 자손이라 **그 족속과 방언과 지방과 나라대로**

였더라

여기 등장하는 "그 족속과 방언과 지방과 나라대로"가 이들을 나누는 기준입니다.

### 혈통

> 창 10:1 노아의 아들 셈과 함과 야벳의 후예는 이러하니라 홍수 후에 그들이 아들들을 낳았으니

여기 "후예"에 해당하는 히브리어는 "톨레돗"입니다. 이는 '대략, 계보, 후예, 약전' 등으로 번역되었습니다. 이 단어의 문자적인 의미는 '(자식을) 얻다'입니다. 이처럼 성경은 씨족 중심의 혈연관계를 중요한 매개로 하여 종교적인 공동체를 구성하였음을 알 수 있습니다. 혈통은 사회구성뿐 아니라 구속사적인 측면에서도 매우 중요하게 다루어지고 있습니다.

창세기 3:15에서 "내가 너로 여자와 원수가 되게 하고 너의 후손도 여자의 후손과 원수가 되게 하리니 여자의 후손은 네 머리를 상하게 할 것이요 너는 그의 발꿈치를 상하게 할 것이니라 하시고"라고 언약하셨습니다.

구속사의 목적지가 처음부터 분명하게 제시되어 있습니다. 바로

'여자의 후손'입니다. 그래서 성경은 여자의 후손으로 이어지는 믿음의 공동체를 세상과 구별하여 섞이지 않도록 하였습니다. 앞서 언급한 것과 같이 세상은 '완악'하기 때문입니다.

　신명기 7:3에서 "또 그들과 혼인하지 말찌니 네 딸을 그 아들에게 주지 말 것이요 그 딸로 네 며느리를 삼지 말라"고 하심은 혼혈을 의미하는 것을 넘어서 종교와 문화의 혼합을 의미합니다. 일례로 창세기 34장의 야곱의 딸 디나가 등장합니다. 야곱은 아버지 이삭의 명령을 따라서 믿음의 가정을 이루었습니다. 이삭이 야곱을 불러서 밧단아람으로 가서 외삼촌 라반의 집에서 결혼하라고 한 것은 이러한 신앙의 혼합을 방지하고 신앙의 맥을 이어 가기 위한 방편이었습니다. 야곱에게 장자의 축복을 준 이삭은 이것이 하나님의 뜻임을 알고 야곱에게 영적인 장자로서 그 혈통을 순수하게 유지할 사명을 준 것입니다.

> 창 28:1 이삭이 야곱을 불러 그에게 축복하고 또 부탁하여 가로되 너는 가나안 사람의 딸들 중에서 아내를 취하지 말고

　이렇게 외삼촌 라반의 집에서 20년을 노역하고 두 아내와 자녀들을 이끌고 내려옵니다. 그 가운데 얍복강에서 오래된 가정의 문제인 에서와 갈등까지 해결한 야곱은 숙곳에 이르러 눌러앉게 되었습니다. 야곱은 잠시 쉴 수 있었으나 곧 바로 전진해야 했습니

다. 분리되지 않고 머문 이 시기에 야곱의 가정에 이방의 종교와 문화가 천천히 스며들기 시작합니다. 엄밀한 의미에서 우상이 집에 자리 잡기 시작한 것은 라반을 떠났을 때, 라헬이 드라빔을 숨긴 것에서 찾아볼 수 있습니다. 그리고 야곱 가정의 문제가 표출된 사건이 바로 '디나'입니다. 죄는 숨겨지지 않습니다. 반드시 드러나게 되어 있습니다(민 32:33 너희 죄가 정녕 너희를 찾아낼 줄 알라).

> 창 34:1~4 레아가 야곱에게 낳은 딸 디나가 그 땅 여자를 보러 나갔더니 히위 족속 중 하몰의 아들 그 땅 추장 세겜이 그를 보고 끌어들여 강간하여 욕되게 하고 그 마음이 깊이 야곱의 딸 디나에게 연련하며 그 소녀를 사랑하여 그의 마음을 말로 위로하고 그 아비 하몰에게 청하여 가로되 이 소녀를 내 아내로 얻게 하여 주소서 하였더라

야곱의 딸 디나는 그 땅 여자를 보러 갔습니다. 일상적인 하루였을 것입니다. 그러나 이날 야곱의 가정은 비극을 맞이하게 됩니다. 히위 족속 중 그 땅의 추장 세겜이 디나를 욕되게 하였습니다. 이는 사랑이라는 말로 포장될 수 없는 범죄임에 분명합니다.

두 가정의 문제를 해결하기 위해서 세겜의 아버지 하몰이 나섰습니다. 한 마디로 '이것은 사랑이다'라고 말합니다. 자신의 아들이 디나를 사랑하고 있으니 아내로 달라고 요청합니다. 마치 위기를

기회로 삼는 것처럼, 이번 기회를 통해서 서로 통혼하여 하나의 공동체가 될 것을 제안합니다(창 34:8~10). 아마도 그 시대에 있어서는 합당한 요구였을 것입니다. 그러나 이는 거룩한 혈통(족보)을 끊는 행위였습니다. 하몰의 제안은 결국 통혼을 통해서 구별되지 않는 하나의 공동체를 만들자는 것입니다. 여기에는 그들의 문화와 종교도 포함됩니다. 결국 신앙적인 족보가 끊어지게 되는 심각한 영적 문제가 아닐 수 없습니다.

> 신 7:4 그가 네 아들을 유혹하여 그로 여호와를 떠나고 다른 신들을 섬기게 하므로 여호와께서 너희에게 진노하사 갑자기 너희를 멸하실 것임이니라

성경의 혈통은 단순히 피만 이어지는 문제가 아닙니다. 만일 그랬다면 차자였던 야곱이 장자의 축복을 받지 못하였을 것입니다. 심지어 요셉은 야곱의 11번째 아들입니다. 그러나 성경은 요셉에게 장자의 명분이 있다고 밝힙니다. 그럼 무엇이 더욱 중요할까요? 이것을 잘 보여 주는 성경구절이 민수기 3:1~4입니다.

> 민 3:1~4 여호와께서 시내산에서 모세와 말씀하실 때에 아론과 모세의 낳은 자가 이러하니라 아론의 아들들의 이름은 장자는 나답이요 다음은 아비후와 엘르아살과 이다말이니 이는 아론의 아들들의

이름이며 그들은 기름을 발리우고 거룩히 구별되어 제사장 직분을 위임받은 제사장들이라 나답과 아비후는 시내 광야에서 다른 불을 여호와 앞에 드리다가 여호와 앞에서 죽었고 무자하였고 엘르아살과 이다말이 그 아비 아론 앞에서 제사장의 직분을 행하였더라

어떤 이들은 민수기 3:1에서 '모세'의 이름을 삭제해야 한다고 보았습니다. 그러나 현재까지 발견된 모든 성경 사본에서 '모세'가 포함되어 있기에 이는 하나의 제안으로 남을 뿐입니다. 분명 민수기 3장의 '톨레돗'에서는 모세의 후예가 없습니다. 모세가 혈통적으로 얻은 자녀가 없습니다. 그러므로 불구하고 성경은 아론과 모세가 낳은 '톨레돗'이라고 기록합니다. 그리고 이어지는 '다른 불'의 사건은 이러한 족보가 영적인 의미를 포함함을 우리에게 알려 줍니다.

이 족보가 바로 '제사장의 족보'입니다.

제사장직은 '혈통'에 의해서 계승되었습니다. 이는 그냥 혈통이 아니라 '거룩한 혈통'입니다.

출 40:12~15 너는 또 아론과 그 아들들을 회막문으로 데려다가 물로 씻기고 아론에게 거룩한 옷을 입히고 그에게 기름을 부어 거룩하게 하여 그로 내게 제사장의 직분을 행하게 하라 너는 또 그 아들들을 데려다가 그들에게 겉옷을 입히고 그 아비에게 기름을 부음 같이 그들에게도 부어서 그들로 내게 제사장 직분을 행하게 하라 그들이 기

름 부음을 받았은즉 대대로 영영히 제사장이 되리라 하시매

그래서 제사장의 결혼은 더욱 철저하게 구별되었습니다.

> 레 21:7~8 그들은 기생이나 부정한 여인을 취하지 말 것이며 이혼 당한 여인을 취하지 말지니 이는 그가 여호와께 거룩함이니라 너는 그를 거룩하게 하라 그는 네 하나님의 식물을 드림이니라 너는 그를 거룩히 여기라 나 여호와 너희를 거룩하게 하는 자는 거룩함이니라

제사장의 경우 제사장의 과부에게는 장가갈 수 있었지만(겔 44:22), 대제사장의 경우는 이것까지도 금지되어 오직 이스라엘의 처녀하고만 결혼하도록 했습니다.

> 레 21:13~15 그는 처녀를 취하여 아내를 삼을찌니 과부나 이혼 된 여인이나 더러운 여인이나 기생을 취하지 말고 자기 백성 중 처녀를 취하여 아내를 삼아 그 자손으로 백성 중에서 더럽히지 말찌니 나는 그를 거룩하게 하는 여호와임이니라

결국 혈통으로 나누는 것은 거룩함을 보존하고 계승하기 위함입니다. 이러한 과정을 통해서 얻은 자손이 바로 '여자의 후손'입니

다. '한 자손'입니다. 그러므로 우리도 구별되어야 합니다. 레위기 20:26에서 "너희는 내게 거룩할지어다" 명령하셨습니다. 그 이유는 우리를 하나님의 거룩한 백성으로 당신의 소유로 삼기 위함입니다. 그래서 만민 중에서 구별하였습니다.

이상에서 우리는 혈통이라는 관점에서 중요하게 다루는 부분이 있음을 발견하게 됩니다. 바로 '거룩'입니다.

하나님께서는 가정을 통해서 신앙이 전수되도록 설계하셨습니다. 아브라함을 택하심에 대해 창세기 18:19에서는 '여호와의 도를 지켜 의와 공도를 행하게 하려고 그를 택하였다'고 그 이유를 밝힙니다. 이스라엘의 족보는 그 시작이 아브라함입니다(요 8:33). 그러므로 혈통을 통해서 말씀을 지키고 보전하는 것이 바로 혈통의 진정한 의미입니다. 그 역할을 하지 못할 때 '나누어지는 역사'가 일어납니다. 대표적인 혈통의 분리가 바로 '벨렉'입니다. 이는 뒤에서 다시 다루도록 하겠습니다.

### 언어

같은 언어를 사용해도 억양에 대한 차별이 존재합니다. 사투리입니다. 억양만 달라도 일단 외지 사람입니다. 배척하지 않는다고 할지라도 심리적인 거리감을 느끼게 됩니다. 저는 개인적으로 경상도에서 5년, 전라도에서 10년을 살았지만 여전히 여행객 같은 느낌을 받을 때가 있습니다. 물론 우리는 영적으로 모두 본향을 향해 가는 나그네입니다. 여하튼 언어는 소속을 나누는 또 하나의 기준이 됩니다. 이는 매우 중요한 요소로 다른 세 가지 기준보다 더욱 강조된 사건이 있습니다. 창세기 11장의 바벨탑 사건입니다.

> 창 11:1 온 땅의 구음이 하나이요 언어가 하나이었더라

> 창 11:7 자, 우리가 내려가서 거기서 그들의 언어를 혼잡케 하여 그들로 서로 알아듣지 못하게 하자 하시고

> 창 11:8 여호와께서 거기서 그들을 온 지면에 흩으신고로 그들이 성 쌓기를 그쳤더라

인류가 흩어지게 된 결정적인 이유가 바로 '다른 언어'라는 사실을 보여 준 사건입니다.

'다른 언어'가 불통과 흩어짐을 만들었다면, 반대로 언어의 장벽이 무너질 때 진정한 화합과 일치가 이루어질 수 있음을 알 수 있습니다. 이러한 역사가 바로 '오순절 성령 강림'입니다. 이 당시 제자들의 방언 사건은 성령으로 말미암아 흩어진 인류가 다시 말씀으로 하나 되고 연합될 수 있음을 정확하게 보여 주고 있습니다.

특별히 사도행전 2:9~11에 기록된 '민족들'의 명단은 당시 유대인들이 알고 있던 세계의 민족들입니다.

> 행 2:9~11 우리는 바대인과 메대인과 엘림인과 또 메소보다미아, 유대와 가바도기아, 본도와 아시아, 브루기아와 밤빌리아, 애굽과 및 구레네에 가까운 리비야 여러 지방에 사는 사람들과 로마로부터 온 나그네 곧 유대인과 유대교에 들어온 사람들과 그레데인과 아라비아인들이라 우리가 다 우리의 각 방언으로 하나님의 큰일을 말함을 듣는도다 하고

오순절 성령 강림의 사건으로 언어의 통합과 일치의 가능성을 보았다면, 반면에 흩어져 살아감으로 언어가 달라지고 영적으로도 분리되는 부정적 영향을 잘 보여 준 사건도 있습니다. 바벨론 포로 시대의 느헤미야 때입니다.

> 느 13:23~27 그 때에 내가 또 본즉 유다 사람이 아스돗과 암몬과 모압 여인을 취하여 아내를 삼았는데 그 자녀가 아스돗 방언을 절반쯤은 하여도 유다 방언은 못하니 그 하는 말이 각 족속의 방언이므로 내가 책망하고 저주하며 두어 사람을 때리고 그 머리털을 뽑고 이르되 너희는 너희 딸들로 저희 아들들에게 주지 말고 너희 아들들이나 너희를 위하여 저희 딸을 데려오지 않겠다고 하나님을 가

리켜 맹세하라 하고 또 이르기를 옛적에 이스라엘 왕 솔로몬이 이 일로 범죄하지 아니하였느냐 저는 열국 중에 비길 왕이 없이 하나님의 사랑을 입은 자라 하나님이 저로 왕을 삼아 온 이스라엘을 다스리게 하셨으나 이방 여인이 저로 범죄케 하였나니 너희가 이방 여인을 취하여 크게 악을 행하여 우리 하나님께 범죄하는 것을 우리가 어찌 용납하겠느냐

유다 방언을 못한다고 "책망하고 저주하며 두어 사람을 때리고 그 머리털을 뽑고", 왜 이렇게까지 했을까요? 언어는 '신앙 전수'에 있어서 매우 중요한 위치에 있기 때문입니다. 다음 세대가 언어를 잃은 지점에서 느헤미야는 이성을 잃었습니다. 이를 이해하기 위해 느헤미야 시대를 알아야 합니다.

이스라엘 백성들이 멸망할 때, 성벽에 구멍이 뚫리고 성전이 무너졌습니다. 끌려간 지 70년, 바벨론 포로 귀환은 하나님의 강권적인 역사하심으로 이방 왕을 당신의 사명자로 삼으셔서 고레스가 오히려 사람들을 독려하여 성전을 건축할 것을 선포했습니다.

그러나 많은 이들이 돌아오지 않았습니다. 돌아오지 못한 것이 아니라 돌아오지 않았습니다. 이는 당시 귀환자의 숫자만 보아도 짐작할 수 있습니다. 과거 모세가 출애굽할 때 남자만 63,550명이 나온 것과 비교한다고 하면 너무나 적은 숫자입니다.

느헤미야 7:66에서 "온 회중의 합계가 사만 이천삼백육십 명"이

라고 기록되어 있습니다. 그 외에 노비와 노래하는 남녀를 다 합쳐도 5만 명이 채 안 되는 숫자입니다(느 7:67~68). 그리고 2차 귀환, 에스라 8장에 나온 숫자를 더하면 1,754명입니다. 마지막 3차 귀환에는 몇 명인지 나오지 않았지만 앞선 예를 통해서 볼 때 많은 숫자는 아닐 것입니다.

  해야 할 일은 많은데 일꾼은 적은 상황입니다. 분명 하나님의 선한 손길이 함께하십니다(느 2:8). 그러나 성전을 재건하고 성벽을 세우는 일에 이렇게 적은 숫자만 돌아왔습니다. 물론 하나님의 역사는 사람의 숫자에 있지 않습니다. 그러나 이렇게 적은 숫자의 남은 자들이 신앙 전수가 제대로 이루어지지 않는다면, 소망은 어디에서 찾을 수 있을까요?

  유다 방언을 잃었다는 것은, 말씀을 제대로 가르치지 않았다는 의미입니다. 그러한 지점에서 느헤미야가 분노한 것입니다.

  느헤미야 당시 성령에 감동한 사람들은 70년간 익숙한 바벨론을 떠나 황폐한 곳에서 다시 하나님의 성전을 재건하고자 생명을 걸고 나아왔습니다. 실제로 지도자였던 느헤미야는 대적들로부터 죽음의 위기를 겪었습니다.

> 느 6:10~14 이 후에 므헤다벨의 손자 들라야의 아들 스마야가 두문불출하기로 내가 그 집에 가니 저가 이르기를 저희가 너를 죽이러 올 터이니 우리가 하나님의 전으로 가서 외소 안에 있고 그 문을 닫

자 저희가 필연 밤에 와서 너를 죽이리라 하기로 내가 이르기를 나 같은 자가 어찌 도망하며 나 같은 몸이면 누가 외소에 들어가서 생명을 보존하겠느냐 나는 들어가지 않겠노라하고 깨달은즉 저는 하나님의 보내신 바가 아니라 도비야와 산발랏에게 뇌물을 받고 내게 이런 예언을 함이라 저희가 뇌물을 준 까닭은 나를 두렵게 하고 이렇게 함으로 범죄하게 하고 악한 말을 지어 나를 비방하려 함이었느니라 내 하나님이여 도비야와 산발랏과 여선지 노아댜와 그 남은 선지자들 무릇 나를 두렵게 하고자 한 자의 소위를 기억하옵소서 하였노라

이러한 방해와 어려움 속에서 성벽 재건을 이루었습니다. 또한 말씀 운동도 일어났습니다.

느헤미야 8:1~12을 보면 에스라의 율법을 듣고 회개의 역사가 일어났습니다. 절기가 회복되어 초막절을 지키고, 하나님 앞에 금식하며 율법을 잘 지키기로 명세하고 언약을 갱신하였습니다(느 9:1~3). 그 결과 느헤미야 9:2에서 '이방 사람과 절교'하였다고 말씀합니다.

왜 이렇게까지 분리하고 나누고 배척합니까? 느헤미야 시대를 지금과 같은 시대에서 이해하면 안 됩니다. 이방 사람과 친교를 나눈다는 것은 결과적으로 우상도 받아들인다는 의미가 됩니다. 안타까운 것은 이 절교 선언이 잘 지켜지지 않았습니다. 결과적으로

유대사회에 다시 한번 언어의 혼잡이 나타났습니다. 언어의 상실로 더욱 심각해졌습니다. 그래서 '책망하고 저주하고 머리털을 뽑은 것'입니다(느 13:23~27).

우리는 대한민국 사람입니다. 한국어를 합니다. 외국을 나간다고 할지라도 자신의 뿌리를 잊지 않았다면 언어를 계승합니다. 그리고 언어에는 정서가 담겨 있습니다.

'거시기 뭐 거시기 해.'

한국인이 아니면 이걸 어떻게 이해할 수 있을까요? 유대인들은 히브리어를 하나님께서 주신 언어로 생각합니다. 그러하기에 성경의 정경을 정할 때도 히브리어가 사용되었느냐가 매우 중요했습니다. 즉 언어 자체가 신앙과 밀접하게 관련되어 있는 상태에서 언어를 모른다는 것은 신앙이 전수되지 않았다는 것을 의미합니다.

내가 쓰는 언어가 신앙적인가 생각해 보시기 바랍니다. 말에는 그 사람의 생각과 사상이 담겨 있습니다. 인격을 나타냅니다. 악한 말을 하려면 아예 말을 하지 말라고 성경은 교훈합니다(벧전 3:10). 반면 때에 맞는 말은 '아름다운 말'(잠 15:23)이며 기쁨을 얻습니다.

세상만사 말이 문제가 되고, 또 한 마디 말로 해결되기도 합니다. 우리의 입술에 '때에 맞는 말', '아름다운 말'이 떠나지 않기를 소망합니다. 신앙 전수를 어떻게 하시겠습니까? 지금 내가 사용하는 언어가 그대로 자녀에게 이어지게 됩니다. 지금 바꾸어야 합니다. 자신의 언어를 신앙적으로 바꾸시기 바랍니다.

물론 언어생활을 고치기란 쉽지 않습니다. 오죽하면 야고보서 3:8에서는 "혀는 능히 길들일 사람이 없나니 쉬지 아니하는 악이요 죽이는 독이 가득한 것"이라고 설명합니다. 분명 혀는 길들일 수 없다고 했습니다. 그래서 포기하는 것이 아니라, 믿음으로 나아가야 합니다. 빌립보서 4:13의 말씀에 "내게 능력 주시는 자 안에서 내가 모든 것을 할 수 있다"고 하였습니다. 내 능력으로는 불가능하지만 '능력을 주시는 자 안에서'는 가능합니다. 이 소망의 말씀을 저는 믿습니다.

음식을 먹을 때 가장 중요한 것은 '간이 맞느냐?'입니다. 어떤 분이 설렁탕이 맛있는 이유는 먹는 사람들 각자가 자신의 입맛에 맞게 소금 간을 하기 때문이라고 하셨습니다. 언어도 마찬가지입니다. 말에 소금을 쳐야 합니다.

> 골 4:6 너희 말을 항상 은혜 가운데서 소금으로 고르게 함같이 하라 그리하면 각 사람에게 마땅히 대답할 것을 알리라

소금은 녹아서 맛을 냅니다. 자신을 희생하는 말, 겸손한 말은 관계를 부드럽게 하며 은혜를 더합니다. 소금은 적은 양이지만 전체를 풍요롭게 합니다. 전체를 어우러지게 합니다. 이처럼 적절한 소

금 간이 된 은혜로운 말을 하시기 바랍니다. 골로새서 4:6에서 소금의 역할에 대해서 독특한 표현이 있는데, '고르게 함'입니다. 소금을 친 말은 상황에 적절한 말입니다. 모든 상황을 복잡하게 하지 않고 정리하며 가지런히 합니다.

하나님의 말씀이 그러합니다. 말씀은 정확합니다. 정직합니다. 질서가 있습니다. 거짓이 없습니다. 우리의 언어도 이러한 하나님의 말씀을 닮아 가야 하겠습니다.

## 지역

'지역감정'이라는 말이 있습니다. 일종의 선험적인 편견으로 볼 수 있습니다. 그러나 이 편견을 그냥 무시할 수 없는 것이 편을 나누는 하나의 기준이 되기 때문입니다. 전라도와 경상도로 나누어진 오래된 지역감정은 정치에서 두드러지게 나타납니다. 매번 선거철 결과를 보면 붉은색과 파란색이 너무나도 선명하게 나누어지는 것을 볼 수 있습니다. 지역에 따라서 지지하는 정당이 결정된다는 것은 분명 문제가 있어 보입니다. 그러나 여전히 문제 인식만 반복되고 있는 이유는 무엇입니까? 교통이 발달하고 정보가 통합된 이 시대에도 여전히 '지역감정'이 있다는 것은, 지역의 '구별적 특성'이 그만큼 강력함을 말해 줍니다.

지역은 생업에 큰 영향을 끼칩니다.

> 창 47:4 그들이 또 바로에게 고하되 가나안 땅에 기근이 심하여 종들의 떼를 칠 곳이 없기로 종들이 이곳에 우거하러 왔사오니 청컨대 종들로 고센 땅에 거하게 하소서

이 말씀의 배경을 보면, 흉년 가운데 죽은 줄 알았던 요셉을 만나기 위해 야곱과 온 가족 70명이 애굽으로 들어갔습니다. 약속하셨던 땅, 그의 아버지 이삭이 흉년 가운데 100배의 결실을 맺었던 축복을 땅을 떠나는 야곱의 마음은 무겁기만 합니다(창 26:12). 그런 야곱을 하나님께서 찾아오셨습니다. 브엘세바에서 약속하십니다. "애굽으로 내려가기를 두려워 말라 내가 거기서 너로 큰 민족을 이루게 하리라"(창 46:3). 이 말씀 그대로 70인은 한 민족이 되었습니다(출 1:7). 이제 애굽이라는 새로운 땅으로 들어갑니다. 일반적으로 할 수만 있다면 형제들이 좋은 땅에서 좋은 일을 하면서 살도록 하고 싶을 것입니다. 그러나 요셉은 힘들고 천하게 생각하는 일을 그대로 하도록 하였습니다.

지금도 지역에 따라서 특산물이 나옵니다. 제가 살고 있는 여수는 '갓김치'가 특산물입니다. 돌문어도 맛있습니다. 그러니 지역에서는 나는 것을 가지고 생업에 종사하는 분들이 많이 생기게 됩니다. 제주도의 경우는 귤 농사가 대표적입니다. 현대에도 이렇지만,

농사와 목축업이 주업이었던 과거에는 '지역'이 더욱 명확한 기준이 되었습니다.

지역에 따라 귀천이 나누어졌습니다.

서울에 달동네가 있습니다. 네이버 지식백과에 따르면, 1960년대 이후 약 40년 동안 달동네는 도시빈민 주거지역의 전형으로 자리 잡았으며, 이는 '달동네 문화'로 불릴 만큼 능동적이고 건강한 빈민문화를 상징했다고 합니다. 이농민들이 주로 거주했던 달동네는 값싼 주거지이자 생존의 공동체로서, 농촌의 이웃관계가 지속되는 공동체이자 험난한 도시생활에 적응하기 위한 기착지 역할을 했습니다. 그러나 1980년대 이후 진행된 재개발사업으로 인해 달동네의 도시빈곤층은 주거비가 싼 곳을 찾아 단독주택지의 지하방, 옥탑방, 비닐하우스, 쪽방 등으로 흩어졌으며, 일반인들에게 빈곤층은 눈에 띄지 않는 집단이 되었고, 빈곤층은 고립되면서 이전의 공동체를 통해 얻었던 물질적·정신적 이익을 더 이상 누리지 못하게 되었다고 합니다.

> 창 46:34 당신들은 고하기를 주의 종들은 어렸을 때부터 지금까지 목축하는 자이온데 우리와 우리 선조가 다 그러하니이다 하소서 애굽 사람은 다 목축을 가증히 여기나니 당신들이 고센 땅에 거하게

되리이다

이처럼 땅은 먹고사는 문제와 직결되어 있습니다. 고센에 거한다는 것은 목축업을 한다는 말과 동의어입니다. 이는 애굽의 문화와 풍습으로부터 어느 정도 보호하시기 위한 방편이 되었습니다. 왜냐하면 목축업은 애굽 사람들이 가증하게 여기는 일이기 때문입니다(창 46:34).『구약 성경 문화 배경사』(류관석)에서 애굽은 '농부의 천국'이라고 합니다. 나일강의 범람은 유익한 홍수로 인류 역사상 가장 적은 노동량을 투입하여 단위 면적당 가장 많은 식량을 생산할 수 있게 합니다. 이러한 환경을 가진 애굽 사람들에게 힘든 목축업에 종사한다는 것은 지혜롭지 못한 선택으로 보였을 것입니다. 그러므로 자연스럽게 애굽 사람들은 이스라엘 백성들을 꺼리게 되며 그들의 자녀들도 자연히 멀어지게 되었습니다. 이처럼 '고센'이라는 지역적 특성으로 430년간이나 거주하였지만 출애굽 할 때까지 이스라엘은 애굽과 구별되었습니다.

사람들이 꺼리는 지역 '고센', 그러한 땅에서 예수님도 거하셨습니다.

요한복음 1:46에서 예수님의 출생지가 '나사렛'이라고 말합니다. 물론 베들레헴에서 태어나셨지만 갈릴리 나사렛에서 자란 예수님은, 당시 사람들에게 무시당하는 나사렛 출신입니다. 나다니엘도 나사렛에서 좋은 것, 선한 것이 나올 수 없다고 생각했습니다. 지역적인 환경이 그러합니다. 왜냐하면 나사렛 동네는 가난한 동네이고 외곽 지대였습니다. 그러나 빌립의 신앙은 지역의 한계를 뛰어넘었습니다.

"와 보라!"

사람들이 외면하고 천히 여기는 그곳에서 열방을 향한 가장 귀한 복음이 선포되었습니다.

지역으로 하나님의 아는 자와 모르는 자로 나누어졌습니다.

> 출 8:22 그 날에 내가 내 백성의 거하는 고센 땅을 구별하여 그곳에는 파리 떼가 없게 하리니 이로 말미암아 나는 세상 중의 여호와인 줄을 네가 알게 될 것이라

여기 '구별하다'는 단어는 히브리어로 '파라'입니다. 이는 '차이를 두다, 뚜렷하게 분리하다'는 뜻입니다. 애굽 사람들이 거하는 땅과 이스라엘 백성들이 거하는 땅은 완전히 다른 땅이라는 의미입니다.

출애굽기 9:4에서는 '이스라엘의 생축과 애굽의 생축을 구별'하였습니다. 분명 차이가 있습니다. 애굽의 생축은 다 죽었지만 이스라엘의 생축은 하나도 안 죽지 않았습니다. 출애굽기 11:7을 보면 하나님께서 이와 같이 지역과 생축을 구별하신 것은 구별하신 분이 바로 하나님이심을 알게 하심입니다.

기억해야 할 부분이 있습니다. 내가 구별되는 것이 아니라 하나님이 구별되게끔 만드시고 하나님이 구별되게끔 시키셨다는 사실입니다.

창세기 11장에서 바벨탑 사건을 보면, 믿는 자들은 강을 넘어 갑니다. '강'이라는 지역을 중심으로 구별의 역사가 있었습니다. 그래서 창세기 10:21에 "셈은 에벨 온 자손의 조상"이라고 강을 건넌 에벨을 강조합니다. 에벨의 뜻 자체가 '강을 건넌 자'입니다.

강은 지역을 나누는 중요한 기준입니다. 우리나라의 지역감정의 대명사와 같은 전라도와 경상도도 섬진강으로 나누어져 있습니다. 이스라엘 백성이 모세와 함께 애굽에서 나올 때도 홍해를 건너고, 여호수아와 가나안에 들어 갈 때는 요단강을 건넜습니다. 그러므로 지역을 넘기 위해서는 강을 건너야 합니다.

그런데 하나님께서 친히 구별하신 고센 땅이든, 강을 건너 도착한 약속의 땅 가나안이든, 그 지역의 의미보다 중요한 것이 하나 있습니다. 지역이 먼저가 아니라 하나님께서 그 지역을 구별하셨음이 먼저입니다. 즉 우리가 교회에 왔기 때문에 구별된 것이 아니라, 먼저 하나님의 말씀이 교회를 세상과 구별하셨다는 점입니다(행 20:28). 그래서 우리는 교회에서 신앙생활을 합니다. 교회를 중심으로 살아갑니다. 이 교회가 예수님의 몸입니다(골 1:24).

설악산에 '여호와 이레'라는 연수원이 있습니다. 이 연수원에는 작은 다리가 하나 놓여 있습니다. 저는 다리 하나를 지났을 뿐이지만 마치 세상과 완전히 구별된 느낌을 받았습니다. 이 다리의 이름이 '길갈교'입니다(수 5:9). 우리는 분명히 땅에 발을 딛고 삽니다. 어떤 지역이던지 거주하는 지역에 속해 있습니다. 그러나 우리가 정말 속해야 할 곳은 땅은 아니라 하늘이라고 성경은 말씀합니다.

그래서 이 땅은 그저 우거하는 곳입니다. 이 땅에서 우리는 나그네입니다. 야곱도 바로왕에게 자신이 나그네임을 고백합니다. "야곱이 바로에게 고하되 내 나그네 길의 세월이 일백삼십 년이니이다"(창 47:9). 그렇습니다. 오직 우리의 시민권은 하늘에 있습니다(빌 3:20). 그 하늘이 이미 우리 안에 있습니다(눅 17:20~21). 비록 한강이 보이는 세상의 집은 없으나 하늘이 보이는 소망의 집에서 천국 여정을 완주하시기 바랍니다.

### 나라(주권)

구속사의 결론은 '하나님의 나라'에 있습니다. 하나님의 나라는 에덴에서 출발합니다. 에덴에서 하나님은 아담과 여자를 두시고 한 몸을 이루게 하셨습니다. 이를 그리스도와 교회의 큰 비밀이라고 에베소서 5:32은 밝힙니다. 그러므로 에덴의 동산은 교회의 시작입니다. 그렇다면 교회와 하나님의 나라는 매우 밀접한 관계를 가집니다. 여기서는 저는 교회의 방향성을 말하고자 합니다. 교회는 반드시 나라를 향해서 확장되어야 합니다. 그렇다면 성경에서 하나님의 나라의 모형이 되는 이스라엘의 시작은 언제입니까? 바로 출애굽입니다.

구약에서 이스라엘 공동체를 가리키는 단어들이 있습니다. 출애굽 이후 주로 사용된 단어들은 '카할(קָהָל)', '에다(עֵדָה)', '암(עַם)'입니다. 반드시 특정 용례대로 사용되지 않고 서로의 의미가 겹치기도 하지만 하나님 나라에 대한 이해를 돕기 위해서 각 단어를 구별하여 의미를 살펴보고자 합니다.

### 암(עַם)

'암'은 일반적으로 우리에게 익숙한 단어입니다. 주로 '백성'으로 번역되었으며 본래는 '가족이나 친척 등'을 의미합니다. 이처럼 친밀한 단어가 '하나님의 백성'으로 사용된 것은 하나님께서 신적인 차원에서 우리를 대하시는 것이 아니라 마치 가족의 가장과 같이 우리를 친근히 여기심을 의미합니다. 그리고 하나님께서는 당신의 백성에게 '언약'을 주셨습니다(출 20:2). 이 언약 관계를 잘 보여주고 있는 단어가 바로 '카할'입니다.

### 카할(קָהָל)

본래 무기를 사용할 수 있는 장정들을 가리키는 표현입니다. 여기 중요한 것이 '싸울 수 있는 장성한 자들'이라는 개념이기에 이방인까지 포함이 됩니다. 그러므로 '암'이라는 혈연적인 좁은 의미보다 '무기'라는 개념을 통해서 공동체의 한계를 뛰어넘는 의미로 확장되었다고 볼 수 있습니다. 이 공동체의 나라는 '민족'을 넘어서 '무기'를 들 수 있는 누구든지의 나라입니다.

그럼 무기가 무엇입니까? 카할은 그 사용의 용례를 볼 때, 회막 앞에 모인 공동체를 의미합니다. 그리고 회막 앞에 모인 사람들은 언약 공동체를 가리킵니다.

> 민 10:3 두 나팔을 불 때에는 온 회중이 회막 문 앞에 모여서 네게로 나아올 것이요

그러므로 '카할' 공동체는 '언약'을 중심으로 이루어진 총회입니다. 하나님의 말씀이 그들의 삶 앞에 있으며 수시로 모여 그 말씀에 귀를 기울이는 공동체입니다. 하나님의 말씀이 '무기'라고 할 때, 그 의미는 더욱 분명해집니다. 즉, 말씀 공동체입니다.

> 엡 6:17 구원의 투구와 성령의 검 곧 하나님의 말씀을 가지라

## 에다 (הדע)

에다는 주로 회막을 중심으로 예배를 드리는 공동체를 가리킵니다.

출 12:3 너희는 이스라엘 회중에게 고하여 이르라 이 달 열흘에 너희 매인이 어린 양을 취할찌니 각 가족대로 그 식구를 위하여 어린 양을 취하되

구약에 147회가 사용된 이 단어는 모세오경에서 123회가 집중적으로 사용되었습니다. 이는 언약 공동체에 있어서 가장 중요한 것이 '예배'라는 것을 알려 줍니다. 이러한 개념을 통해서 하나님은 우리로 복된 나라, 큰 나라를 세우시고자 하십니다.

시 50:5 이르시되 나의 성도를 내 앞에 모으라 곧 제사로 나와 언약한 자니라 하시도다

이상에서 하나님 나라의 백성은 세상과 구별된 요소를 가지고 있음을 알 수 있습니다. 먼저는 하나님의 부르심이 있습니다. 부르신 백성에게 언약을 주시고 그 언약을 가지고 세상과 싸워 이기는 자가 되어야 합니다. 그 무기는 말씀입니다. 또한 삶의 중심에는 예배가 있습니다. 예배야말로 세상 나라와 하나님 나라를 구별하는 가장 두드러진 특징입니다. 창세기 4장에서 악인인 가인 족보와 구별된 셋 계열의 특징도 하나님을 부른 예배였습니다.

창 4:24~26 가인을 위하여는 벌이 칠배일찐대 라멕을 위하여는 벌

이 칠십 칠배이리로다 하였더라 아담이 다시 아내와 동침하매 그가 아들을 낳아 그 이름을 셋이라 하였으니 이는 하나님이 내게 가인의 죽인 아벨 대신에 다른 씨를 주셨다 함이며 셋도 아들을 낳고 그 이름을 에노스라 하였으며 그 때에 사람들이 비로소 여호와의 이름을 불렀더라

하나님을 부르는 이들, 예배하는 자들이 하나님의 나라가 됩니다. 이러한 '나라'의 개념은 이미 아브라함에게 주셨습니다.

### 고이(גוֹי), 하나님의 복된 나라

창 12:1~3 여호와께서 아브람에게 이르시되 너는 너의 본토 친척 아비 집을 떠나 내가 네게 지시할 땅으로 가라 내가 너로 큰 민족을 이루고 네게 복을 주어 네 이름을 창대케 하리니 너는 복의 근원이 될지라 너를 축복하는 자에게는 내가 복을 내리고 너를 저주하는 자에게는 내가 저주하리니 땅의 모든 족속이 너를 인하여 복을 얻을 것이니라 하신지라

2절에 큰 민족에 해당하는 히브리어는 '고이'입니다. 이 단어는 '나라'를 의미하기도 합니다. 하나님께서는 아브라함에게 큰 나라를 이루게 하시고 복을 내리시며 창대케 하시는 복의 근원을 약속하셨습니다.

### 큰 민족을 이루는 나라

큰 민족은 혈통적인 민족을 넘어 믿음으로 연결되는 말씀의 성도들을 의미합니다. 우리가 '아브라함의 자손'이라는 말씀을 통해서도 확인하였지만, 아브라함의 자손은 이스라엘 자손에게 해당되는 것이 아니라 예수님을 믿는 자마다 아브라함의 자손이라는 명호를 얻게 되었습니다.

> 갈 3:7 그런즉 믿음으로 말미암은 자들은 아브라함의 아들인 줄 알지어다

> 갈 3:29 너희가 그리스도께 속한 자면 곧 아브라함의 자손이요 약속대로 유업을 이을 자니라

복의 근원이 되는 나라는 큰 민족, 말씀의 선포를 이루어 많은 이들을 주님께로 인도하는 나라입니다. 오늘날 선교에 대해서 설명하는 문구 중에 "모든 곳에서 모든 곳"이라는 말이 있습니다. 이제 특정한 단체만이 선교하는 것이 아니라 모든 교회가 모든 말씀의 성도들이 모든 곳으로 나아가 선교하고 전도하는 시대입니다. 시간과 장소에 큰 영향을 받았던 선교는 인터넷의 활성화를 통해서 그 모든 장벽이 허물어졌습니다. 또한 한류로 불리는 K 물결은 선교적인 방향에까지 영향을 끼칩니다. 특별히 중국의 경우 한국에

서 신학을 공부하고 다시 파송되는 일이 많다고 합니다.

지금 하나님께서 대한민국을 쓰시는 줄로 믿습니다. 우리가 가야만 된다고 생각했던 선교가 오히려 와서 배우고 돌아가 확산되는 더욱 안정적이고 확실한 방법으로 성취되고 있습니다.

### 복의 근원이 되는 나라

무엇이 복입니까? 물론 받는 것도 복이지만 오직 하나님 말씀에 순종하는 것이 복입니다. 근원이 된다는 말은 '뿌리가 되고 원천이 된다'는 의미입니다. 그리고 창세기 12:1은 복의 근원, 복이 나오는 원천이 하나님이시고, 그 말씀에 순종할 때임을 가르쳐 주십니다. "너는 너의 본토 친척 아비 집을 떠나 내가 네게 지시할 땅으로 가라".

먼저 저주의 뿌리에서 떠나야 합니다.

우리의 뿌리가 바뀌어야 합니다. 왜 수고하고 애쓰고 땀 흘려도 그 자리일까요? 잘못된 곳에 뿌리를 내리고 있어서입니다. 저주에, 죄악에 뿌리를 내리고 있기에 바뀌지 않습니다. 변하지 않습니다. 그래서 아브라함을 떠나게 하셨습니다.

근원이 해결되지 않으면 잠시 잘되는 것 같아도 제자리입니다. 열두 해를 혈루병으로 고생한 여자가 있습니다. 마가복음 5:26에서 "많은 의원에게 많은 괴로움을 받았고 있던 것도 다 허비하였으되 아무 효험이 없고 도리어 더 중하여졌던 차에"라고 그 상황이 나아지는 것이 아니라 점점 더 상황이 안 좋아집니다. 문제가 해결되지 않습니다. 근원에 문제가 있기 때문입니다.

그럼 어떻게 근원의 문제가 해결되었습니까? 처음에 여인은 문제 해결을 일반적으로 찾았습니다. 많은 의원에게 보였지만 오히려 많은 괴로움을 받았습니다. 이는 근원적인 문제이기에 세상이 해결할 수 없습니다. 그런 가운데 예수님의 소문을 들었습니다. 이 여인에게는 복음입니다. 생명의 말씀으로, 믿음으로 받았습니다.

> 막 5:28 이는 내가 그의 옷에만 손을 대어도 구원을 얻으리라 함일러라

"손을 대어도 구원을 얻으리라!" 지금까지 손이 아니라 온갖 괴로움을 받으면서 치료를 했는데 되지 않았습니다. 그러나 순간 말씀을 듣고, 자신의 자리를 믿음의 자리로 옮겼습니다. 오직 예수님을 바라봤습니다. 믿었습니다. 그 순간 문제의 근원이 해결되었습니다.

> 막 5:29 이에 그의 혈루 근원이 곧 마르매 병이 나은 줄을 몸에 깨달으니라

다시 창세기 12장으로 돌아가서 아브라함의 상황을 봅니다. 그

는 '떠나라'는 명령에 떠났습니다. 이에 대해서 성경은 '말씀을 좇아서 떠났다'고 설명합니다. 믿음이 아니면 설명하기 힘든 부분입니다. 하나님을 믿지 않는다면 '본토, 친척, 아비 집'을 그렇게 떠날 수 없습니다. 오직 믿음으로 떠났으며 그 순간 그의 근원이 바뀌었습니다. 말씀을 좇아서 사는 인생이 되었습니다.

> 창 12:4 이에 아브람이 여호와의 말씀을 좇아갔고 롯도 그와 함께 갔으며 아브람이 하란을 떠날 때에 그 나이 칠십오 세였더라

이처럼 오늘날 우리의 뿌리가 바뀌고 복의 근원이 되기 위해서는 말씀을 좇아가는 삶을 살아야 합니다. 내 안에 성령의 인도하심을 받는 삶을 살아야 합니다(갈 5:16). 휘선 박윤식 목사님의 설교 가운데 "자기가 복 받지 않은 사람이 남에게 축복할 수 없다"고 하였습니다. 내가 복이 없는데 어떻게 남을 축복할 수 있습니까? 내 복이 넘쳐야 남을 축복할 수 있습니다. 여러분 먼저 복의 근원이 되시기 바랍니다. 복이 넘쳐 담을 넘어 이웃과 열방에 복된 말씀, 생명의 말씀을 전하시기 바랍니다.

### 하나 되는 성령의 역사

네 가지 기준으로 분리된 70인은 오직 성령 안에서 하나가 될 수

있습니다. 사도행전에서 혈통, 언어, 지역, 나라가 다른 사람들이 한자리에 모인 일이 있습니다. 유월절을 통해서 예루살렘에 모였을 때 그들은 신기한 경험을 합니다. 한 무리의 사람들이 부르짖는 기도가 자신들의 고향의 언어로 들린 것입니다.

성령의 역사가 처음 등장한 부분은 아담의 타락 사건입니다. 흙이니 흙으로 돌아가라는 하나님의 명령은 하나님의 영이 떠났음을 전제합니다. 타락(성령의 떠남)은 우리로 하여금 흩어지게 하고 유리하는 자가 되게 합니다. 가인이 그러하였고, 바벨탑 사건의 결과도 그러합니다.

> 창 4:12 네가 밭 갈아도 땅이 다시는 그 효력을 네게 주지 아니할 것이요 너는 땅에서 피하며 유리하는 자가 되리라

> 창 11:9 그러므로 그 이름을 바벨이라 하니 이는 여호와께서 거기서 온 땅의 언어를 혼잡케 하셨음이라 여호와께서 거기서 그들을 온 지면에 흩으셨더라

> 민 14:33 너희 자녀들은 너희의 패역한 죄를 지고 너희의 시체가 광야에서 소멸되기까지 사십 년을 광야에서 유리하는 자가 되리라

이처럼 타락으로 인하여 유리하는 인생, 정처 없이 떠돌아다닐

수밖에 없는 인생을 예수님께서 보셨습니다.

> 마 9:36 무리를 보시고 민망히 여기시니 이는 저희가 목자 없는 양과 같이 고생하며 유리함이라

예수님께서 이 땅에 오신 것은 흩으시기 위함이 아니라 찾으시기 위함입니다. 한 마리의 양, 택한 자는 하나도 잃지 않는 것이 아버지의 뜻이기 때문입니다(마 18:14; 요 6:39). 이 역사를 감당하신 것이 바로 성령님입니다. 흩어진 자들을 모아 하나 되게 하는 것이 성령의 역사입니다.

오순절 성령 강림의 역사는 방언이 대표적입니다. 창세기 11:1에서 원래 하나였던 언어가 다양한 언어로 혼잡케 되었습니다. 이는 온 땅에 유리하는 자가 되는 결정적 이유가 됩니다. 앞에 '언어' 부분을 통해서 잠시 다루었지만, 언어는 말씀으로 이루어진 세상에서 가장 중요한 요소입니다. 그러므로 언어가 다르다는 것은 서로를 전혀 이해할 수 없는 불일치를 의미합니다.

우리가 흔히 "말이 안 통해"라고 하는 말은 소통이 되지 않는 것을 의미합니다. 바벨탑이 실패한 결정적 이유입니다(창 11:7).

이러한 언어의 불일치를 성령의 역사로 하나 되게 하셨습니다. 그러므로 단순히 말을 알아들었다가 아니라 예수님께서 공생애 동안 그렇게 원하셨던 '듣는 귀가 열리는 역사'인 것입니다.

마 11:15 귀 있는 자는 들을찌어다

그러므로 오순절 사건을 통해서 많은 사람들이 회심하게 됩니다. 성령 충만의 역사가 단순히 방언만이 아니라 하나님의 영의 말씀이 우리의 육의 생각을 뚫고 들어가 우리 마음 가운데 들어오는 기적과 같은 역사이기 때문입니다. 그러므로 성령을 받는 자만이 주를 그리스도로 고백할 수 있습니다(고전 12:3).

이제 성령의 언어를 가져야 합니다.
성령의 귀를 가져야 합니다.
그래야 오해 없이 듣는 자가 됩니다. 들리면 열립니다.
결국 성령을 통해서 온 인류가 하나 됩니다.

엡 4:1~10 그러므로 주 안에서 갇힌 내가 너희를 권하노니 너희가 부르심을 입은 부름에 합당하게 행하여 모든 겸손과 온유로 하고 오래 참음으로 사랑 가운데서 서로 용납하고 평안의 매는 줄로 성령의 하나 되게 하신 것을 힘써 지키라 몸이 하나이요 성령이 하나이니 이와 같이 너희가 부르심의 한 소망 안에서 부르심을 입었느니라 주도 하나이요 믿음도 하나이요 세례도 하나이요 하나님도 하나이시니 곧 만유의 아버지시라 만유 위에 계시고 만유를 통일하시고 만유 가운데 계시도다 우리 각 사람에게 그리스도의 선물의 분량대로 은혜를 주셨나니 그러므로 이르기를 그가 위로 올라가실 때에 사로잡힌 자를 사로잡고 사람들에게 선물을 주셨다 하였도다 올라가셨다 하였은즉 땅 아랫곳으로 내리셨던 것이 아니면 무엇이냐 내리셨던 그가 곧 모든 하늘 위에 오르신 자니 이는 만물을 충만케 하려 하심이니라

성령께서 우리의 끈이 되어 주십니다. 죄는 유리하려고 합니다. 하나님과 멀어지고 서로를 떠나고자 합니다. 그래서 아무리 친한 사람도 상당 기간 함께 있다 보면 갈등이 있을 수밖에 없습니다. 이러한 갈등까지 이용하시고 흩어짐을 통해서 다시 부르시는 것은 하나님의 역사이지만, 궁극적으로는 성령의 끈으로 하나 되어야 합니다.

하나 되게 하시기 위해서 우리를 부르셨습니다.

에베소서 4:4에서 "너희가 부르심의 한 소망 안에서 부르심을 입었다"고 말씀합니다. 이스라엘 전체를 한 사람 부르듯이 "너는 내 것이라" 말씀하신 이사야 43:1과 같은 맥락입니다. 하나님의 부르심에는 두려움이 없습니다.

그러므로 성령의 하나 됨은 평안입니다. 역시 4절에서 "평안의 매는 줄"이라고 말씀하셨습니다. 성령께서 함께하실 때 함께 있는 것이 불편하지 않습니다. 평안합니다. 그래서 성도의 수가 점점 늘어나고 하나가 됩니다.

행 9:31 그리하여 온 유대와 갈릴리와 사마리아 교회가 평안하여 든든히 서 가고 주를 경외함과 성령의 위로로 진행하여 수가 더 많아지니라

예수님께서 주시는 평안, 세상이 주는 것과는 다른 참된 평안이 있으시기 바랍니다(요 14:27~28). 요한복음 14:27~28에서 "평안을 너희에게 끼치노니"라는 표현은 평안을 너희에게 가게 하겠다는 것입니다. 마치 인터넷에서 물건을 구입하면 배송이 시작됩니다. 요즘은 쉽게 배송조회를 할 수 있습니다. 집으로 배송 중이라고 확인하게 되면, 잠시 후 '땡동' 하고 도착을 알립니다. 지금 예수님께서 평안을 발송하셨습니다. 나는 결제한 적도 없는데 예수님께서 십자가상에서 일시불(단번에 영원히, 히 9:12)로 결제하시고 우리 모두에게 발송하신 것입니다. 열어 보니 바로 '성령님'이십니다.

행 2:38 베드로가 가로되 너희가 회개하여 각각 예수 그리스도의 이름으로 세례를 받고 죄 사함을 얻으라 그리하면 성령을 선물로 받으리니

실상 우리는 늘 불안한 평안을 누렸습니다. 늘 의심하는 평안을 가지고 있지 않았습니까? 이제 성령의 평안을 누리시기 바랍니다. 교회가 든든해집니다. 가정이 견고하고 흔들리지 않게 됩니다. 우

리의 마음이 좌로나 우로나 치우지지 않습니다. 성령님께서 도우시기 때문입니다. 모든 열방이 달려와 말씀으로 일치되는 그날을 기대합니다.

우리의 사명은 하나를 찾는 것입니다.

아홉이라는 개념은 잃어버린 하나가 돌아올 때까지는 완전하지 못하다는 것을 의미합니다(마 18:12~13; 눅 15:4, 7). 잃어버린 자, 곧 죄인을 구원하기 위해 예수께서 십자가에 못 박혀 돌아가신 시간도 이스라엘 시간으로는 제9시라는 점은 우리로 깊이 생각하게 합니다(막 15:34, 마 27:45~46).

예수님의 사역은 8수를 이루셨습니다. 제7일의 안식일이 깨어지고 그다음 수인 8은 재창조의 수가 됩니다. 그리고 잃어버린 자를 찾으시기 위해서 성령을 약속하셨습니다. 10을 재림을 통한 완전한 구속사 완성의 수로 본다면, 9는 예수님 이후에 잃어버린 한 영혼을 찾으시는 교회 시대를 의미합니다. 그러하기에 제자들에게 주신 복도 8복이 아닙니다. 산상강화에서 제자들에게 주신 복이 9복은 '예수님을 위하여' 한 영혼을 채우는 10으로 나아가는 과정입니다. 실제로 산상강화에서 복에 해당하는 단어인 '마카리오이(μακάριοι)'가 아홉 번 등장합니다. 이처럼 보편적으로 알려진 팔복을 구복으로 이해할 때 더욱 구속사적으로 그 의미가 분명해집니다.

9가 성령의 역사와 연결되어 있다는 것은, 성령의 9가지 열매를 통해서도 나타냅니다. 숫자 9는 사랑과 희락과 화평과 오래 참음과 자비와 양선과 충성과 온유와 절제라는 성령, 곧 하나님의 영으로 말미암은 아홉 가지 열매입니다(갈 5:22). 또한 90이라는 수의 값을 가지는 차데(צ)는 낚싯바늘(fish-hook) 또는 물고기를 낚는 갈고리(fishing hook)를 상징합니다. 예수님은 어부를 제자로 부르시면서 사람을 낚는 어부를 만드신다 하셨습니다. 이때 바늘이 바로 성령의 역사입니다. 성령 충만하여 외칠 때 3000명, 5000명이 돌이켰습니다.

성령으로 하나 되는 그날을 바라봅니다. 그날이 임하기까지 한 사람을 찾고 찾아 채우시기 바랍니다.

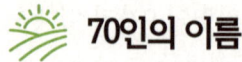 **70인의 이름**

구속사 시리즈 제1권 『하나님의 구속사적 경륜으로 본 창세기 족보』에 보면, 족보에 등장하는 각 이름에 하나님의 구속사적 경륜이 담겨 있음을 다룹니다. 이름에는 그 시대가 담겨 있습니다. 오늘날 우리의 이름도 마찬가지입니다. 또한 족보 중간에 부연 설명된 부분은 당시의 상황을 이해하는 데 중요한 기준이 됩니다. 창세기 5장에서 에녹과 노아의 경우가 그러합니다.

> 창 5:21~24 에녹은 육십 오세에 므두셀라를 낳았고 므두셀라를 낳은 후 삼백년을 하나님과 동행하며 자녀를 낳았으며 그가 삼백 육십오 세를 향수하였더라 에녹이 하나님과 동행하더니 하나님이 그를 데려가시므로 세상에 있지 아니하였더라

노아의 경우 창세기 5:32에 "노아가 오백세 된 후에 셈과 함과 야벳을 낳았더라"가 끝나는 것이 아니라 6~9장까지 연결되고 이는 부연설명에 해당된다고 볼 수 있습니다. 그래서 9장의 마지막 부

분이 다시 족보의 형태로 마무리됩니다.

> 창 9:28~29 홍수 후에 노아가 삼백오십 년을 지내었고 향년이 구백오십 세에 죽었더라

창세기 10장에서도 70명이 대체로 이름만 등장하지만 중간에 부연설명 된 부분들을 통해서 전체적으로 창세기 10장을 통해 인류의 새로운 시작을 펼쳐 가시는 하나님의 의도와 당시의 상황을 짐작할 수 있습니다.

족보에는 사람의 이름이 나열되어 있습니다. 이름은 족보를 구성하는 기본적인 요소입니다. 족보에 기록된 이름은 한 사람의 일생을 가장 짧게 압축한 것입니다. 아무리 긴 역사도 그 시대를 살았던 인물들의 이름을 순서대로 나열하여 족보를 만들면 그것이 그 역사의 압축입니다. 그래서 족보의 이름들은 단순하지만 이를 풀어서 기록하면 하나의 역사책이 됩니다. 그래서 창세기 5:1에서 '계보'는 '세페르 톨레돗' 즉, '족보 책'입니다.

그럼 족보에 기록된 이름을 통해서 우리는 무엇을 알 수 있을까요? 이름은 존재를 나타냅니다.

모든 만물은 자기 존재를 나타내는 이름이 있습니다. 이름이 없다면 그 존재 자체가 없는 것과 동일한 의미입니다. 이름을 기억함

으로 상대방의 존재성을 확인하게 되는 것입니다.

이름은 인격을 나타냅니다.

인격은 사람이 사람으로서 가지는 자격이나 성품, 됨됨이를 뜻합니다. 족보에 어떤 이름이 사용되었는가에 따라 그 인격과 성품의 변화까지도 감지할 수 있습니다. 그렇기에 하나님이 기억하시는 이름이 되어야 합니다.

이름은 명성을 나타냅니다.

사람이 유명해지는 것은 곧 그 사람의 이름이 유명해지는 것입니다. '족보에 이름이 기록되느냐, 기록되지 않느냐'에 따라, 또한 '족보에 어떤 이름으로 기록되느냐'에 따라서 그 명성이 달라집니다.

이름은 구속사(救贖史)를 나타냅니다.

족보에 기록된 이름에는 부모의 기대가 담겨 있을 뿐만 아니라 그 시대를 향한 하나님의 구속사적 경륜이 담겨져 있습니다. 그렇기에 족보에 기록된 이름에는 뜻 없는 것이 하나도 없습니다(고전 14:10).

그런데 일상에서 자신의 이름을 잃고 다른 누군가를 호칭하는 일부가 되는 경우들이 있습니다. 누구의 엄마입니다. 교회 안에서는 누구의 엄마, 아빠가 아니라 이름과 직분으로 부르시기 바랍니다. 그 이름에 사명이 있습니다.

족보에 기록된 이름을 통해서 우리는 무엇을 발견해야 합니까?

각 이름 속에서 예수 그리스도 한 분을 향하여 세차게 흘러가는 구속사의 거대한 물줄기와 하나님의 비밀한 경륜을 깊이 통찰해야 합니다. 이런 의미에서 족보에 나오는 이름을 생각할 때, 그 이름을 가진 존재, 곧 그 사람의 전 일생과 그 시대의 구속사를 함께 살펴볼 수 있습니다.

그래서 하나님께서는 구속사적으로 중요한 인물들의 이름을 바꾸셨습니다(구약에 11명, 신약에 3명). 대표적인 인물이 아브라함입니다.

> 창 12:1~2 여호와께서 아브람에게 이르시되 너는 너의 본토 친척 아비 집을 떠나 내가 네게 지시할 땅으로 가라 내가 너로 큰 민족을 이루고 네게 복을 주어 네 이름을 창대케 하리니 너는 복의 근원이 될찌라

여기 "창대케 하리니"는 히브리어로 가달(גדל)입니다. '커지다'라는 뜻으로 아브라함에게 큰 이름, 거대한 이름을 주신다는 약속입니다. 창세기 17:5에 하나님께서는 원래 아브라함의 이름인 아브람을 '아브라함'으로 바꾸셨습니다. 아브람은 '아브'와 '람'이 합성된 단어입니다. 아브는 '아버지', 람은 '높다'라는 의미로, '신분이 높은, 고귀한'이란 뜻입니다. 그러므로 아브람은 '고귀한 아버지, 높은 아버지, 존귀한 아버지'라는 뜻입니다. 이것은 개인적인 이름입니다.

전환점, 새로운 시작

그런데 하나님께서 개인적인 이름을 아브라함이라는 거대한 이름으로 바꿔 주셨습니다.

아브라함은 아브람에 '하몬'이라는 단어가 합성된 것입니다. 하몬은 '중다한, 군중'이라는 뜻으로, 아브람과 하몬이 축약되면서 아브라함이 되었습니다. 고귀한 아버지, 열국의 아버지라는 뜻입니다. 아브람은 개인의 아버지였습니다. 그런데 이 개인의 아버지가 전 세계 수많은 나라 아버지로 만민의 아버지로 바뀐 것입니다.

갈라디아서 3:7에서는 오늘날 모든 믿는 자들의 아버지가 바로 '아브라함'임을 밝힙니다. 또한 로마서 4:16에 아브라함은 하나님 앞에서 우리 모든 사람의 조상이라고 하였습니다. 이처럼 아브라함의 이름 개명에는 하나님께서 앞으로 펼쳐 가실 구속사적 경륜이 담겨 있습니다.

아브라함은 나그네였습니다. 떠돌아다니는 유목민입니다. 아무도 그 이름을 기억하지 않습니다. 알아주는 사람도 없습니다. 단지 히브리인, 강을 건너온 사람으로 불렸습니다(창 14:13). 그런데 하나님께서 허락하시니 그 이름이 전 세계적으로 위대한 큰 이름이 되었습니다. 갈대아 우르에 있을 때는 그저 평범한 한 개인의 이름에 불과했습니다. 이제 그의 이름은 전 세계 모든 사람에게 친숙한 이름이 되었습니다. 기독교와 이슬람과 유대교의 조상으로 가장 위대하고 가장 창대한 이름이 되었습니다. 만약 아브라함이 갈대아 우르를 떠나지 않고 계속 살았다면 그의 이름은 아무도 기억하지 못했을 것입니다.

  말씀을 좇아 떠난 순간 믿음은 견고하여졌고, 이름이 바뀌었으며, 결국 운명이 바뀌었습니다.

야벳의 후손들

창세기 10장에서 야벳의 계보는 수평적으로 그의 아들들을 다루고 있습니다. 7명의 아들들 고멜, 마곡, 마대, 야완, 두발, 메섹, 디라스입니다(2절). 그리고 이들 가운데 고멜과 야완을 택하여 다시 수평적으로 고멜의 자손 아스그나스, 리밧, 도갈마(3절)와 야완의 자손 엘리사, 달시스, 깃딤, 도다님까지(4절) 총 14명이 야벳의 자손으로 기록되어 있습니다.

이제 살펴볼 야벳의 후손들뿐 아니라 70인(족속)의 이름들은 그 뜻을 정확하게 알 수 없는 경우도 있습니다. 여기서 우리는 창세기가 모세오경이라는 사실을 다시 한번 상기할 필요가 있습니다. 가나안 땅에 정착하게 될 이스라엘 백성들에게 있어서 그 중심은 당연하게도 '가나안 땅'입니다.

창세기 10장이 세계로 흩어진 민족들의 분포를 나타내고 있으나 가나안을 중심으로 이루어져 있습니다. 그리고 북남동서의 방향 순서에 따라 가장 먼저 언급된 민족들은 북서쪽에 위치한 야벳의 후손들입니다. 오늘날 유럽과 서아시아에 위치한 이들은 당시 이스라엘에 직접적인 영향을 끼치지 못하는 민족들이었습니다. 성경에서도 자세히 다루지 않는 이름들이 대부분입니다. 그러나 성경에 나오는 몇몇 이름을 통해, 하나님께서 야벳의 후손을 통해 이루고자 하시는 하나님의 구속 경륜을 엿볼 수 있습니다. 먼저 야벳에 대한 하나님의 예언을 살펴보아야 합니다.

야벳은 '창대케 하심'을 받았습니다.

> 창 9:27 하나님이 야벳을 창대케 하사 셈의 장막에 거하게 하시고 가나안은 그의 종이 되게 하시기를 원하노라 하였더라

이는 분명히 하나님의 축복입니다. 그러나 창대함은 반드시 '셈의 장막'의 영적인 그늘 아래 있어야 함을 분명히 합니다. 셈의 장막에 거하지 않는 창대함은 잘못된 것입니다. 그래서 야벳의 후손들의 지역과 성경에 등장하는 몇몇의 짧은 이야기들은 우리로 하여금 창대함이 반드시 하나님의 그늘에 속해야 함을 알려 줍니다.

본래적인 창대를 보여 준 인물이 앞서 살펴본 아브라함입니다. 아브라함의 창대함은 하나님의 말씀을 좇아서 따르는 삶 속에서 이루어졌습니다. 이처럼 우리가 누리는 창대한 복은 하나님의 말씀 아래 있어야 합니다. 성령의 인도하심 안에 거해야 합니다. 주 안에서 창대한 복을 받으시기 바랍니다.

 고멜

고멜이라는 이름의 뜻을 보면 '완전한'입니다.

고멜족뿐 아니라 고대시대이기에 이들의 위치와 의미는 정확하지 않습니다. 그러나 몇 가지 역사적, 성경적 사실들을 통해서 오늘날 우리에게까지 여전한 구속사적 경륜 가운데 하나님께서 교훈하시는 말씀이 있습니다.

고멜 자손들은 북서쪽으로 이동하여 오늘날 독일, 프랑스, 영국으로 뻗어 나간 것으로 보입니다. 이들의 위치는 '서쪽 끝'이었습니다. 그러므로 여기 고멜의 뜻인 '완전한'의 의미는 종말적으로 살펴볼 수 있습니다. 동쪽이 해가 떠오르는 곳, 하나님께서 거하시는 곳, 시작의 의미가 있다면, 서쪽은 해가 지는 곳으로 어둠이며 끝을 상징적으로 보여 주기에 그러합니다.

실제로 고멜이라는 이름이 성경에 등장하는 시대적 상황을 보더라도 '종말적' 의미를 우리에게 전달해 줍니다.

우리에게 익숙한 고멜은 호세아서에서 등장합니다.

호세아는 성경에 나오는 여호수아와 예수라는 이름과 상통합니다. '구원, 건지는 이'라는 뜻을 가지고 있습니다. 호세아가 살았던 시대는 "최선의 시대이자, 최악의 시대"(찰스 디킨스, Charles Dickens)였습니다.

가장 창성했던 시대였습니다.

> 호 1:1 웃시야와 요담과 아하스와 히스기야가 이어 유다 왕이 된 시대 곧 요아스의 아들 여로보암이 이스라엘 왕이 된 시대에 브에리의 아들 호세아에게 임한 여호와의 말씀이라

여기 여로보암 2세의 시대는 최대의 영토를 회복한 시대입니다. 열왕기하 14:25에서 "여로보암이 이스라엘 지경을 회복하되 하맛 어귀에서부터 아라바 바다까지"였다고 기록합니다. 하맛은 수리아 중부의 성읍으로 북이스라엘의 최북단 경계를 가리킵니다. 아라바는 사해로 북이스라엘의 최남단을 가리킵니다. 이는 솔로몬 시대의 경계와 동일합니다(대하 8:4). 그러므로 여로보암 2세 때는 모든 영토를 회복한 북이스라엘의 마지막 전성기였습니다.

반면 가장 영적으로 어두워져 가던 시대였습니다.

> 암 1:1 유다 왕 웃시야의 시대 곧 이스라엘 왕 요아스의 아들 여로보

암의 시대의 지진전 이년에 드고아 목자 중 아모스가 이스라엘에 대하여 묵시 받은 말씀이라

이 시대에는 지진이 있었습니다. 또한 지도자들이 타락했습니다. 가난한 자들을 더욱 수탈하였습니다. 아모스 2:6~7을 보면 그 실상을 자세히 다룹니다.

암 2:6~7 여호와께서 가라사대 이스라엘의 서너 가지 죄로 인하여 내가 그 벌을 돌이키지 아니하리니 이는 저희가 은을 받고 의인을 팔며 신 한 켤레를 받고 궁핍한 자를 팔며 가난한 자의 머리에 있는 티끌을 탐내며 겸손한 자의 길을 굽게 하며 부자가 한 젊은 여인에게 다녀서 나의 거룩한 이름을 더럽히며

또한 향락에 취하였고(암 3:15), 공평과 정의는 사라졌습니다(암 5:7). 이처럼 가장 창성한 시대이지만 가장 어두운 시대가 여로보암 2세 때였습니다. 이러한 시대에 호세아 선지자를 통해 종말적 경고를 보내신 하나님께서 사용하신 여자가 바로 '고멜'입니다.

### 창성과 음행

강성하여질 때 가장 타락하기 쉬운 순간이라는 것을 기억해야

합니다. 그 타락의 성격은 '음행'입니다.

> 호 1:2 여호와께서 비로소 호세아로 말씀하시니라 여호와께서 호세아에게 이르시되 너는 가서 음란한 아내를 취하여 음란한 자식들을 낳으라 이 나라가 여호와를 떠나 크게 행음함이니라

다윗이 밧세바를 범하게 된 배경에도 '창성'이 있었습니다. 사무엘하 7장에서 하나님의 성전을 짓고자 했던 다윗을 기뻐하신 하나님께서 '다윗 언약'을 체결하십니다. 그리고 이어지는 8장을 보면 "다윗이 어디로 가든지 여호와께서 이기게 하시니라"는 말씀이 반복적으로 등장합니다. 이렇게 승리에 승리를 이어 가던 다윗이 '저녁 때' 한가로이 지붕 위를 걷다가 범죄하였습니다(삼하 11:2). 이는 다윗의 영적인 나태함을 보여 줍니다. 연승의 결과가 음행이라는 최악의 상황으로 이어졌습니다.

하나님께서 창성케 하시는 것은 하나님의 그늘 아래서 누리는 삶을 원하신 것입니다. 마치 닭이 병아리를 날개 아래로 모은 것과 같습니다(마 23:37). 그런데 왜 주님의 그늘 아래에서 누리지 못할까요? 세속적인 창성은 하나님 품을 떠나려고 하기 때문입니다. 예수님께서 "부자는 천국에 들어가기 어렵다"(마 19:23)라고 하신 것을 생각해 보시기 바랍니다.

야벳의 후손은 하나님의 '창성'의 축복을 받았습니다. 고멜의 자손들은 오늘날 유럽, 서양 문명의 근원이라고 할 수 있는 지역에서 자리를 잡아 창성하였습니다. 그러나 오늘날 유럽의 모습은 어떠합니까? 성경에서 음란은 우상을 숭배하는 행위로 묘사됩니다.

> 겔 6:9 너희 중 피한 자가 사로잡혀 이방인 중에 있어서 나를 기억하되 그들이 음란한 마음으로 나를 떠나고 음란한 눈으로 우상을 섬겨 나로 근심케 한 것을 기억하고 스스로 한탄하리니 이는 그 모든 가증한 일로 악을 행하였음이라

오늘날 고멜의 지역은 교회가 문을 닫고 있습니다. 유럽에서 교회는 과거의 유산이 되었습니다. 그리고 그 자리에 다른 신이 자리하게 되었습니다. 옥스퍼드 인구통계연구소는 2050년 영국의 무슬림 인구가 50%가 될 것이고, 2060년에는 백인 영국인이 소수민이 될 것이라는 분석 결과를 내놓았습니다.

그럼 우리나라는 신앙적으로 어떠합니까? 대한민국은 누가 뭐라고 해도 번영을 누리고 있습니다. 세계 190여 개국 가운데 10위권을 유지하는 대한민국의 위상은 자랑할 만합니다. 보릿고개는 이제 교과서에서나 찾아볼 수 있게 되었습니다. 제가 있는 지역인 여수의 경우, 엑스포 이전과 이후로 나눌 수 있지 않을까 합니다. 여수로 고속도로가 뚫리고 섬과 섬이 연결되는 번영의 시대를 바라

보고 있습니다. 그런데 과연 발전된 지금이 과거의 여수보다 낫다고 결론내릴 수 있을지에 대해서는 사람마다 의견이 갈리는 것 같습니다.

번성하고 잘 먹고 잘살아갈수록 이상하게 부정과 부패가 함께 자리 잡습니다. 호세아 시대는 다른 시대가 아니라 점점 종말을 향해서 달려가는 바로 지금입니다. 이러한 관점에서 '고멜'의 음행은 우리의 시대에도 여전하며, 우리를 사랑하시는 하나님의 마음을 상하게 합니다.

> 호 11:8 에브라임이여 내가 어찌 너를 놓겠느냐 이스라엘이여 내가 어찌 너를 버리겠느냐 내가 어찌 너를 아드마 같이 놓겠느냐 어찌 너를 스보임 같이 두겠느냐 내 마음이 내 속에서 돌아서 나의 긍휼이 온전히 불붙듯 하도다

이러한 시대에 셈의 장막을 찾아야 합니다. 말씀의 그늘 아래로 들어가야 합니다. 오늘날의 고멜들이 하나님의 사랑을 깨닫고 장막으로 돌아오길 소망합니다.

 ## 야완

> 창 10:4~5 야완의 아들은 엘리사와 달시스와 깃딤과 도다님이라 이들로부터 여러 나라 백성으로 나뉘어서 각기 방언과 종족과 나라대로 바닷가의 땅에 머물렀더라

야벳의 후예 가운데 고멜과 야완만이 그 자녀들을 족보에 기록하고 있습니다. 성경에서 더욱 많이 등장하는 이름은 두발과 메섹입니다. 그러나 창세기 10장에서는 고멜과 야완의 자녀들을 기록합니다. 이는 '각기 방언과 종족과 나라대로 나누어진 것'을 잘 보여 주고 있기 때문일 것입니다.

야완은 '거품이 일어나다'라는 뜻입니다.
야벳의 후손들이 바닷가에 거했다는 점에서 바닷가의 물거품을 연상케 하는 이름입니다. 물거품은 바닷가의 끝입니다. 땅끝입니다. 성경 통해서 우리가 가지고 있는 땅끝의 이미지는 사명지이면서 동시에 종말적 징조입니다. 땅끝까지 복음이 선포되면 세상 끝

이 온다는 믿음이 있습니다. 그러므로 야완은 땅끝을 알려 주는 거품, 끝날에 일어나는 '징조'의 의미로 해석됩니다.

이사야의 예언 가운데 친히 보여 주는 '징조'가 있다고 하였습니다.

> 사 7:14 그러므로 주께서 친히 징조로 너희에게 주실 것이라 보라 처녀가 잉태하여 아들을 낳을 것이요 그 이름을 임마누엘이라 하리라

예수님의 오심에 대한 징조입니다. 성경의 예언은 구약에서 초림과 재림이 동시에 언급되는 경우가 있습니다. 물론 신약적인 관점에서는 초림과 재림의 역사가 구별됩니다. 왜냐하면 초림의 역사는 예수님을 통해서 이미 성취되었기 때문입니다. 그럼 성취지 않는 예언들, 이 예언들이 종말에 최종적으로 이루어지게 됩니다.

그 징조 가운데 나라에 대해서 말씀 부분이 바로 이사야 66:19입니다.

> 사 66:19 내가 그들 중에 징조를 세워서 그들 중 도피한 자를 열방 곧 다시스와 뿔과 활을 당기는 룻과 및 두발과 야완과 또 나의 명성을 듣지도 못하고 나의 영광을 보지도 못한 먼 섬들로 보내리니 그들이 나의 영광을 열방에 선파하리라

여기 그들은 '도피한 자들' 혹은 '남은 자들'을 의미합니다. 앗수르와 바벨론에 의해서 멸망한 하나님의 백성이 남은 자가 되어 각 나라로 흩어지게 되었습니다. 이들은 한마디로 '매우 먼 곳의 나라'입니다. 여기 종말적 징조로써 드러나게 된 민족 중에 '야완'이 있음을 보게 됩니다.

다시스는 흑해에 있는 항구도시로 추정되며, 뿔은 아프리카의 도시, '룻'은 소아시아의 도시입니다. 그리고 이 명칭들은 창세기 10장의 명칭들을 그대로 사용하고 있다는 것이 매우 중요합니다. 즉 당시에 새롭게 세워지고 알려진 도시들이 아니라 창세기 10장의 고대의 도시 이름을 그대로 사용함으로 이 예언의 말씀이 창세기 10장의 성취임을 알려 줍니다. 이렇게 먼 곳으로부터 하나님의 영광이 열방에 선파하리라 했습니다.

간단히 정리하면 야벳의 후손들에 대한 기록은 종말적인 측면이 강합니다. 이들은 마지막 때의 심판의 상황을 보여 주며, 마지막 때 남은 자들이 하나님의 영광을 선포하는 징조가 됩니다.

그러므로 우리는 '징조'가 일어나는 땅끝에 관심을 가져야 합니다.

행 1:8 오직 성령이 너희에게 임하시면 너희가 권능을 받고 예루살렘과 온 유대와 사마리아와 땅끝까지 이르러 내 증인이 되리라 하시니라 과거 대한민국은 선교의 땅끝이었습니다. 실상 성경의 지리적인 측면에서도 동방의 끝, 땅끝에 해당이 됩니다. 이곳에 복음이 증거되었고 놀랍게도 지금은 가장 선교를 많이 하는 나라 중의 한 곳이 되었습니다.

복음이 전파되었던 과거 우리나라의 이름은, 조선입니다. 조선의 조(朝)는 '아침 조'로, 朝 자는 십자가 모양(+) 두 개가 붙어 있는 艹(풀 초) 자와, 日(해 일) 자, 月(달 월) 자가 결합한 모습입니다. 朝 자의 갑골문을 자세히 보면, 풀 초목 사이로 떠오르는 해와 아직 채 가시지 않은 달이 함께 그려져 있습니다. 태양과 달이 함께 있고 태양이 이제 막 풀 사이로 보이기 시작하는 것은 이른 아침이라는 뜻입니다. 한자 자체에 담겨 있는 지리적으로 뜻도 동쪽 끝입니다.

이것을 기독교 입장에서는 구속사적으로 생각해 볼 수 있습니다. 조(朝)를 분해해 보면, 십자가(+), 날 일(日, 낮), 십자가(+), 달 월(月, 밤)입니다. 날 日과 달 月을 낮과 밤으로 해석할 수 있습니다. 곧 십자가를 낮에도, 십자가를 밤에도 붙잡는다 혹은 의지한다는 의미가 됩니다.

선(鮮)은 '고울 선'입니다. 물고기는 기독교인들에게는 예수님을 의미합니다. 양도 마찬가지입니다. 물고기를 신약성경의 헬라어로 '익투스'라고 하는데 물고기 익투스(ΙΧΘΥΣ)는 한 글자마다 의미를 부여할 수 있습니다(소문자 ἰχθύς, 대문자 ΙΧΘΥΣ). 익투스는

"예수스 크리스토스 데오스 휘오스 소테르" 즉 "예수 그리스도 하나님의 아들 구원자"라는 고백입니다.

이처럼 땅끝은 마지막 때 말씀의 사역이 완성되어 가고 있는 장소이며, 징조가 나타나는 장소입니다.

창세기 10장의 야벳의 후손을 한마디로 정의하면 '바닷가의 사람들'입니다.

야완의 아들 가운데 깃딤은 땅끝, 바다의 항구도시로 성경에 등장합니다(사 23:1; 겔 27:6; 단 11:30). 그리고 야벳의 후손들에 대한 창세기 10장의 결론은 '바닷가의 땅에 머물렀다'입니다. 그러므로 야벳은 "바닷가의 땅"입니다. '땅끝'입니다.

> 창 10:5 이들로부터 여러 나라 백성으로 나뉘어서 각기 방언과 종족과 나라대로 바닷가의 땅에 머물렀더라

오늘날 땅끝 중의 하나인 대한민국에서 구속사의 말씀이 열방으로 선포되고 있습니다.

앞서 이사야 66:19에서 "나의 명성을 듣지도 못하고 나의 영광을 보지도 못한 먼 섬들로 보내리니 그들이 나의 영광을 열방에 선파하리라" 하셨던 그 말씀 그대로입니다. 동쪽의 땅끝에서 '다시 열방으로 선파하리라'는 말씀을 이루는 대한민국이 되길 소망합니다.

함의 후손

창 10:6~12 함의 아들은 구스와 미스라임과 붓과 가나안이요 구스의 아들은 스바와 하윌라와 삽다와 라아마와 삽드가요 라아마의 아들은 스바와 드단이며 구스가 또 니므롯을 낳았으니 그는 세상에 처음 영걸이라 그가 여호와 앞에서 특이한 사냥꾼이 되었으므로 속담에 이르기를 아무는 여호와 앞에 니므롯 같은 특이한 사냥꾼이로다 하더라 그의 나라는 시날 땅의 바벨과 에렉과 악갓과 갈레에서 시작되었으며 그가 그 땅에서 앗수르로 나아가 니느웨와 르호보딜과 갈라와 및 니느웨와 갈라 사이의 레센(이는 큰 성이라)을 건축하였으며

함의 자손들에 대해서 창세기 10장은 6~20절까지 비교적 긴 분량으로 설명합니다. 이는 이스라엘과 매우 밀접한 관계를 가지고 전반적인 부분에서 상당한 영향력을 행사하였기 때문으로 보입니다.

함의 자손에 대해서 설명할 때 반복적인 구조를 확인할 수 있습니다. '~가 ~를 낳았다'라는 구분으로 시작해서 부연 설명이 이어지고 다시 '~가 ~를 낳았다'가 반복됩니다. 6~12절, 13~14절, 15~19절, 그리고 20절에서 마무리되고 있습니다.

함의 계보는 4대에 이르기까지 총 30명이 등장합니다. 함의 아들들은 구스, 미스라임, 붓, 가나안임으로 세 단락이 아니라 네 단락으로 구분되어야 할 것 같지만 어떤 이유에서인지 붓은 자녀가 기

록되지 않았습니다. 족보가 끊어진 상태입니다. 학자들 가운데 붓과 루빔을 동일시하기도 합니다.

 붓

나훔 3:9에서 붓은 돕는 자로 정의됩니다. 예레미야 46:9에서도 "방패 잡은 구스인과 붓인과 활을 당기는 루딤인이여"라는 부분에서도 드러나듯이, 붓은 독자적으로 움직이는 세력이기보다는 '동조하는 자'였습니다.

그런데 붓은 늘 멸망하는 편에서 동조하였습니다. 예레미야 46장은 바벨론에 의해서 애굽이 패한 갈그미스 전투를 이야기합니다.

렘 46:1~2 1열국에 대하여 선지자 예레미야에게 임한 여호와의 말씀이라 애굽을 논한 것이니 곧 유다 왕 요시야의 아들 여호야김 제 사년에 유브라데 하숫가 갈그미스에서 바벨론왕 느부갓네살에게 패한 애굽 왕 바로느고의 군대에 대한 말씀이라

열왕기하 23:34에서 여호야김은 애굽 바로느고가 새운 왕입니다. 바벨론이 애굽을 갈그미스에서 격파하고 유대인들을 바벨론으로 끌고 갑니다. 이것이 바벨론 1차 포로입니다(주전 605년). 당

시 애굽은 구스와 붓 등 연합군을 형성하고 있었지만 이스라엘이 의지하는 애굽을 치시고 바벨론으로 끌고 가시는 것이 하나님의 구속 섭리였습니다.

붓도 여호야김도 제대로 하나님의 뜻을 깨닫지 못하고 패배하는 편에 동조하였습니다. 하나님 편에 서시기 바랍니다(신 5:33). 이를 깨닫지 못하면 멸망하는 짐승과 같다고 시편 49:12은 말씀합니다.

붓은 우상과 함께 멸망하였습니다.

> 나 3:9 구스와 애굽이 그 힘이 되어 한이 없었고 붓과 루빔이 그의 돕는 자가 되었으나

여기 구스와 애굽이라고 되어 있지만 함의 아들 미스라임을 의미합니다. 여기서도 붓은 여전히 돕는 자로 함께하고 있습니다. 그리고 역시 멸망하는 편에 서 있습니다.

> 나 3:8 네가 어찌 노아몬보다 낫겠느냐 그는 강들 사이에 있으므로 물이 둘렸으니 바다가 성루가 되었고 바다가 성벽이 되었으며

나훔서는 니느웨의 멸망을 다루고 있습니다. 하나님께서 반드시 멸하시겠다는 강력한 의지를 가지고 나훔을 통해서 예언하셨

습니다. 이러한 의지가 비유적으로 나타는 것이 바로 '노아몬의 멸망'입니다. 노아몬은 '아몬의 도시'라는 뜻으로 태양신을 섬기는 강력한 국가였습니다. 그러나 앗수르바니팔에 의해서 멸망을 당합니다. 그러니 이보다 더 약한 니느웨는 반드시 멸망할 수밖에 없었습니다.

당시 노아몬은 천혜의 요새였습니다. "강들 사이에 있으므로 물이 둘렸으니 바다가 성루가 되었고 바다가 성벽이 되었다"고 묘사합니다. 그러나 결과는 패배이며 포로로 잡혀가는 비참함뿐이었습니다.

나 3:10 그가 포로가 되어 사로잡혀 갔고 그 어린 아이들은 길모퉁이 모퉁이에 메어침을 당하여 부서졌으며 그 존귀한 자들은 제비 뽑혀 나뉘었고 그 모든 대인은 사슬에 결박되었나니

붓은 족보가 생략되어 있습니다. 이는 그가 멸망의 자리에 늘 함께하였기 때문이 아닌가 합니다. "아담아 네가 어디 있느냐?"(창 3:9)라는 하나님의 음성이 아담을 숨어 있던 자리에서 하나님 앞으로 이끌었다면, 붓을 통해서 우리의 자리가 어디인지 점검해 보시기 바랍니다. 하나님을 돕는 자! 그의 편에 서는 자가 되시기 바랍니다.

 ## 구스

붓을 제외하고 함의 자손들은 다음과 같습니다. 구스의 아들들 6명(스바, 하윌라, 십다, 라아마, 삽드가, 니므롯)과 라아마의 아들들 2명(쉐바, 드단)과 미스라임의 아들들 7명(루딤, 아나밈, 르하빔, 납두힘, 바드루심, 가술루힘, 갑도림), 가나안의 아들들 11명(시돈, 헷, 여부스, 아모리, 기르가스, 히위, 알가, 신, 아르왓, 스말, 하맛)입니다.

여기 가나안 아들들은 현대의 이스라엘, 레바논, 시리아 일부 지역에 거주했던 민족들을 의미합니다. 가나안의 아들들은 이름 이외에 땅의 경계(민 34:2~12)를 지칭하기도 합니다. 70인은 사람의 이름이자 경계를 나누는 지명이 되는 경우가 많습니다.

구스는 성경에서 에티오피아를 가리킵니다. 구스의 자손들은 모두 아라비아나 그 근처에서 찾아볼 수 있습니다. 사도행전 8장에서 빌립이 에티오피아 내시를 만나게 된 것이 구스와 관련된 가장 유명한 이야기일 것입니다. 그래서 에티오피아가 지금 기독교 국가라는 점을 현대 설교에서도 많이 언급합니다. 그렇다면 성경에서 말씀하시는 구스는 어떤 의미를 가지고 있을까요? 창세기 10장에서 구스에 대한 인상은 매우 좋지 않습니다. 왜냐하면 구스는 니므롯을 낳았기 때문입니다. 그러나 성경 전체에서 구스는 하나님에 대해서 우호적인 모습을 보여 줍니다.

### 모세의 아내 구스 여인

민 12:1 모세가 구스 여자를 취하였더니 그 구스 여자를 취하였으므로 미리암과 아론이 모세를 비방하니라

미리암과 아론이 구스 여인을 취한 모세를 비방했습니다. 비방은 '악의에 찬 마음으로 남을 헐뜯어서 욕하거나 타인의 인격과 명예를 훼손시키는 비난과 조롱의 모욕'입니다. 그러므로 미리암과 아론은 모세의 가장 가까운 인물들로 더 이상 모세가 지도자로서 사명을 감당하지 못하도록 악의에 찬 비방을 한 것입니다. 믿는 도끼에 발등을 찍힌 격입니다.

그들의 속마음은 2절에 잘 드러납니다. "여호와께서 모세와만 말씀하셨느냐 우리와도 말씀하지 아니하셨느냐!" 모세와 동등하게 되거나 그 이상의 자리를 원했던 것입니다. 예수님의 제자들도 한결같이 자리의 문제로 다투었습니다(눅 9:46, 22:24).

모세가 구스 여인을 취한 것은 구속사적으로 매우 중요합니다.

모세가 구스 여인, 이방인을 아내로 맞이하였다는 사실은 율법의 확장성을 보여 줍니다. 율법을 가장 철두철미하게 지켜야 할 모세가 이방인 여인을 아내로 취함으로, 이방인과 통혼이 금지된 율법에서 예외조항이 있음을 암시합니다. 즉, 하나님께서는 이미 구속사의 지경을 이방까지 확장하실 계획이셨으며 그 대표적인 이방인으로 '구스 여인'을 택하셨습니다.

그러나 미리암과 아론은 영적으로 닫혀 있었습니다. 그들은 하나님과 모세처럼 대화한다고 주장하지만 실제로는 달랐습니다. 이들의 완고함은 마치 할례당 유대인들이 복음을 듣지 않는 것과 같았습니다. 그리고 그들은 주장합니다. "그것이 정말 하나님의 뜻이라면 우리에게도 말씀하시지 않겠느냐"고 말입니다. 이에 하나님께서 친히 강림하셨습니다.

> 민 12:7~8 내 종 모세와는 그렇지 아니하니 그는 나의 온 집에 충성됨이라 그와는 내가 대면하여 명백히 말하고 은밀한 말로 아니하며 그는 또 여호와의 형상을 보겠거늘 너희가 어찌하여 내 종 모세 비방하기를 두려워 아니하느냐

모세를 비방한 것은 결국 모세를 세우신 하나님을 비방하고 신뢰하지 못한 결과입니다. 미리암과 아론이 구스 여인을 취한 모세

를 오해할 수 있었다고 생각합니다. 그런데 그들은 가까운 사이였습니다. 충분히 서로 대화로 혹은 하나님께 기도함으로 풀 수 있는 문제를 비방함으로 일을 너무 크게 키웠습니다.

오늘날 교회 안에서 너무나 많은 고소와 고발이 있습니다. 교회 내 권력 다툼, 재정 비리, 명예훼손, 성적 비행 등 다양한 이유로 서로 고소, 고발합니다. 그러나 성경은 말씀합니다. "구태여 불의한 자들 앞에서 송사하고 성도 앞에서 하지 아니하느냐"(고전 6:1). 공동번역으로 보면 그 의미가 더욱 선명하게 다가옵니다. 여러분 중에서 누가 다른 교우와 분쟁을 일으켰을 때에 어찌하여 성도들 앞에서 해결하려 하지 않고 이교도의 법정에 고소합니까?

비방은 문제 해결이 되지 않습니다. 오히려 자신의 허물만 드러날 뿐입니다. 그래서 예수님은 "너희의 비판하는 그 비판으로 너희가 비판을 받을 것이요 너희의 헤아리는 그 헤아림으로 너희가 헤아림을 받을 것이니라"(마 7:2)고 가르쳐 주셨습니다. 이제 남을 향한 비방을 그치고 잠잠히 하나님의 뜻을 묻는 기도가 앞서길 바랍니다.

### 압살롬의 죽음을 알린 구스인

삼하 18:21 구스 사람에게 이르되 네가 가서 본 것을 왕께 고하라 하매 구스 사람이 요압에게 절하고 달음질하여 가니

요압은 다윗을 오랫동안 섬긴 장군입니다. 그러기에 압살롬이 죽고 전쟁에서 승리했으나 이것이 다윗이 좋은 소식으로 여기지 않을 것을 알았습니다. 과거 다윗에게 사울의 전사 소식을 전한 자는 오히려 죽임을 당하였습니다(삼하 1:15~16). 그래서 요압은 이러한 속사정을 모르는 구스인에게 압살롬의 전사 소식을 전할 것을 명령합니다.

이에 구스인은 요압의 속마음도 모르고 요압에게 절하고 신속하게 달음질하여 승전보를 전했습니다.

> 삼하 18:31~32 구스 사람이 이르러 고하되 내 주 왕께 보할 소식이 있나이다 여호와께서 오늘날 왕을 대적하던 모든 원수를 갚으셨나이다 왕이 구스 사람에게 묻되 소년 압살롬이 잘 있느냐 구스 사람이 대답하되 내 주 왕의 원수와 일어나서 왕을 대적하는 자들은 다 그 소년과 같이 되기를 원하나이다

다윗의 반응은 구스인의 예상과 전혀 달랐습니다. 기뻐하는 것이 아니라 압살롬을 위하여 슬퍼하며 울었습니다(삼하 19:1~2). 구스인의 입장이 참으로 난감해진 순간입니다. 열심히 달려서 승전보를 전했는데 돌아오는 것은 칭찬이 아니라 왕의 슬픔이었습니다.

열심히 하는 것도 중요하지만 그 수고가 헛되지 않기 위해서는 '속사정'을 알아야 합니다. 누구나 자신의 인생길을 열심히 달립니

다. 오늘날 노력하지 않는 사람은 없다고들 합니다. 노력이 당연한 시대입니다. 이러한 시대에 그 노력이 헛되지 않으려면 한 가지가 더 필요합니다. 사람들은 흔히 '운'이라고 합니다. 인생의 칠 할은 '운'이라는 의미로, 운기칠삼(運七技三)이라고 합니다. 『경제학이 필요한 순간』(김현철)이라는 책에서 저자는 인생의 80%는 타고났다고 말합니다. 태어난 국가에서부터 메우기 힘든 격차가 생깁니다. 같은 국가에 태어나서도 어떤 가정에, 어떤 체질을 타고났느냐에 따라서 출발선이 다릅니다. 그러하기에 인생의 성취 80%는 운이라는 것입니다. 이러한 운은 '기회'로 인생 가운데 전환점이 되기도 합니다.

    그러나 성도에게 있어서 세상의 속사정은 그렇게 막연한 '운'으로 넘어가서는 안 됩니다. 우연이 아니라 하나님의 인도하심이며, 성령의 역사입니다. 그리고 이를 깨달아 알아야 합니다. 성령의 인도하심을 따라 달리시기 바랍니다. 그 수고가 헛되지 않아 큰 상급으로 돌아올 줄 믿습니다. 20%가 200%가 됩니다.

> 고전 2:10 오직 하나님이 성령으로 이것을 우리에게 보이셨으니 성령은 모든 것 곧 하나님의 깊은 것이라도 통달하시느니라

> 고전 15:58 그러므로 내 사랑하는 형제들아 견고하며 흔들리지 말며 항상 주의 일에 더욱 힘쓰는 자들이 되라 이는 너희 수고가 주

안에서 헛되지 않은 줄을 앎이니라

## 하나님의 도구로 사용된 구스

왕하 19:9 앗수르 왕이 구스 왕 디르하가가 나와서 더불어 싸우고
자 한다 함을 듣고 다시 히스기야에게 사자를 보내며 가로되

이번에는 히스기야 시대입니다. 히스기야는 강력한 종교개혁을 이룬 선한 왕입니다.

대하 29:5 저희에게 이르되 레위 사람들아 내 말을 들으라 이제 너
희는 성결케 하고 또 너희 열조의 하나님 여호와의 전을 성결케 하
여 그 더러운 것을 성소에서 없이하라

이러한 히스기야가 중한 병에 걸렸고 하나님 앞에 간근히 행함으로(사 38:14~15) 15년 생명 연장을 받았습니다. 이 뿐 아니라 하나님께서는 "이 성을 보호하리라"(왕하 20:6) 약속하셨습니다.
그러나 순간 교만해진 히스기야는 바벨론의 사절단에게 모든 것을 보여 주고 그들과 연합합니다. 이것이 죄가 되었습니다. 앗수르에게 2차에 걸쳐서 침공을 당하는데, 1차는 조공을 바쳐서 겨우 위기를 넘깁니다. 그러나 문제는 2차였습니다. 이때 앗수르의 협박

편지를 받고 그 편지를 그대로 펴 놓고 하나님께 기도합니다. 마지막 순간 할 수 있는 것은 오직 기도입니다.

> 왕하 19:1~4 히스기야왕이 듣고 그 옷을 찢고 굵은 베를 입고 여호와의 전에 들어가서 궁내대신 엘리야김과 서기관 셉나와 제사장 중 장로들에게 굵은 베를 입혀서 아모스의 아들 선지자 이사야에게로 보내매 저희가 이사야에게 이르되 히스기야의 말씀이 오늘은 곤란과 책벌과 능욕의 날이라 아이가 임산하였으나 해산할 힘이 없도다 랍사게가 그 주 앗수르 왕의 보냄을 받고 와서 사신 하나님을 훼방하였으니 당신의 하나님 여호와께서 혹시 저의 말을 들으셨을지라 당신의 하나님 여호와께서 그 들으신 말을 인하여 꾸짖으실듯하니 당신은 이 남아 있는 자를 위하여 기도하소서 하더이다

이 기도의 응답이 9절입니다. 구스가 앗수르를 공격하였습니다. 이제 앗수르가 히스기야를 느긋하게 칠 수 없게 되었습니다. 구스인들이 갑자기 몰려오기 시작합니다. 그래서 더욱 협박하게 되고 이 편지를 가지고 히스기야가 다시 기도합니다(왕하 19:14).

하나님은 이미 구스인을 동원하심으로써 '이 성을 지켜 주신다'고 한 약속을 이루고 계셨습니다. 또한 친히 역사하심으로 하룻밤에 18만 5천 명을 죽이십니다(왕하 19:35). 이처럼 하나님께서는 구스를 사용하셔서 이스라엘과 주변을 몰아가셨습니다. 구스는

'하나님의 막대기'였습니다.

> 삼하 7:14 나는 그 아비가 되고 그는 내 아들이 되리니 저가 만일 죄를 범하면 내가 사람 막대기와 인생 채찍으로 징계하려니와

아사 시대에도 구스 사람 세라가 군사 백만과 병거 삼백 승을 거느리고 공격하였습니다(대하 14:9). 이때 하나님께서는 아사에게 사방의 평안을 주실 뿐 아니라 전쟁에서 승리하게 하셨습니다. 여호람 시대에는 구스에서 가까운 아라비아, 즉 함의 후손들을 들어서 이스라엘을 징계하시는 모습을 보게 됩니다(대하 21:16).

### 구스의 결론은 한 사람

> 행 8:27 일어나 가서 보니 에디오피아 사람 곧 에디오피아 여왕 간다게의 모든 국고를 맡은 큰 권세가 있는 내시가 예배하러 예루살렘에 왔다가

성령의 강력한 인도하심으로 빌립이 신속하게 달려왔습니다(행 8:29~30). 에티오피아 내시에게 말씀을 가르쳤습니다(행 8:35). 세례를 베풀었습니다(행 8:38). 단순한 내용 같지만 그 결과 구스 전체에 복음이 들어갔습니다. 한 사람이지만 이 한 사람을 통해서 구

원의 길이 열렸습니다. 구원의 길은 한 사람으로 시작됩니다.

> 롬 5:17 한 사람의 범죄를 인하여 사망이 그 한 사람으로 말미암아 왕 노릇 하였은즉 더욱 은혜와 의의 선물을 넘치게 받는 자들이 한 분 예수 그리스도로 말미암아 생명 안에서 왕 노릇 하리로다

잃어버린 한 사람을 찾아야 합니다. 이 땅에 죄 사함을 주시기 위해서 주님이 오셨습니다. 믿는 자마다 구원을 얻게 하셨습니다. 그리고 이를 완성하시기 위해서 다시 오실 것을 약속하셨습니다. 다시 오시기까지 우리에게 맡기신 것이 있는데, 바로 '한 사람'을 찾는 것입니다. 누가복음 15장은 복음 중의 복음이라 할 수 있습니다. 여기 예수님의 비유들은 '하나'의 중요성을 가르쳐 줍니다.

① 잃은 양의 비유(눅 15:3~7), ② 잃은 드라크마를 찾는 비유(눅 15:8~10), ③ 잃은 자식을 찾는 비유(눅 15:11~32)입니다.

예수님의 이 세 가지 비유는 '하나'에 집중되고 있습니다. 백 마리 양 중에 잃어버린 한 마리 양, 열 드라크마 중에 잃어버린 한 드라크마, 두 아들 중 아버지를 떠난 한 탕자. 이 모두를 가리켜 '죄인 하나'라 하였습니다.

이렇게 주님의 마음은 다수에 있지 않고 '하나', 즉 '한 사람'에 집중되어 있습니다.

왜냐하면, '한 사람'은 전체의 시작이요, 마침입니다. '한 마리 양'

이 없으면 본래 우리 안에 있던 백 마리의 양이 될 수 없고, '한 드라크마'를 잃으면 열 드라크마가 될 수 없고, '한 아들'이 없으면 본래의 두 아들이 될 수 없습니다. 그러므로 아흔아홉 마리보다 '한 마리 양'을, 아홉 드라크마보다 '한 드라크마'를, 또 잃어버렸던 '한 아들'을 찾아야 합니다. 구스는 그러한 '하나'입니다. '잃어버린 하나, 다시 찾아야 할 하나'입니다.

## 니므롯, 특이한 사냥꾼

창 10:8~9 구스가 또 니므롯을 낳았으니 그는 세상에 처음 영걸이라 그가 여호와 앞에서 특이한 사냥꾼이 되었으므로 속담에 이르기를 아무는 여호와 앞에 니므롯 같은 특이한 사냥꾼이로다 하더라

니므롯은 함의 족보 가운데 부연 설명된 인물입니다. 부연 설명은 니므롯에 대해서 강조한 것으로 함의 족보 가운데 중요한 인물임을 알려 줍니다.

세상의 처음 영걸입니다.
'영걸(英傑)'은 그 한자가 '꽃부리 영, 뛰어날 걸'입니다. 성경 사전에서는, "영웅과 호걸로 뛰어난 인물을 말한다. 또는 큰일을 이룰 수 있을 만큼 용기와 재능, 지혜가 뛰어난 것을 말한다"라고 풀이하고 있습니다.
영웅이긴 영웅인데 어디의 영웅인지, 누구 편인지 알아야 합니다. 하나님께서는 우리의 처소성에 대해서 물으십니다. 아담이 범

죄하였을 때도, 책망하시기 전에 먼저 "네가 어디 있느냐?"라고 그의 처소성을 물으셨습니다(창 3:9).

그렇다면 니므롯의 처소는 어디입니까? 본문을 통해서 볼 때, '세상'입니다.

그러므로 그는 하나님의 뜻과는 상관없는 영웅이요, 하나님을 대적하는 데 담대하고, 뜻을 방해하는 데 재능이 있고, 온갖 거짓으로 영혼을 노략하는 일에 지혜가 탁월한 자를 말합니다.

메소포타미아의 이상적인 왕은 '건축과 전쟁'에 대해서 탁월한 자입니다. 니므롯은 '바벨'을 건축하고 '특이한 사냥꾼'이라는 표현을 통해서 전쟁에도 능한 영웅임을 알 수 있습니다.

특이하다는 것은 '강한 사냥꾼'이란 뜻으로, 다른 사람들보다 훨씬 탁월한 실력을 가진 사냥꾼이란 뜻입니다. 니므롯은 강력한 힘으로 사람들의 마음을 휘어잡았습니다.

일반 역사에서도 독재자들이 등장하고 이들에게 열광하는 무리들이 있음을 보게 됩니다. 히틀러나 북한의 김정은 같은 이들입니다. 이들은 절대적인 공포와 힘으로 백성들을 통제합니다. 그리고 신격화의 과정을 거치게 됩니다. 그 업적을 찬양하고 다른 대안이 없는 것처럼 교육합니다. 결국 하나님의 자리를 대적하고 위협하는 적그리스도의 역할을 하게 됩니다.

창세기 10:10에서 "그의 나라"라는 표현이 등장합니다. 특이한 사냥꾼 니므롯은 백성들의 지지를 기반으로 하여 바벨을 건국한 시조가 되었습니다. 그가 건국한 바벨은 기본적으로 반신론적이요, 하나님의 뜻에 대적하는 국가입니다.

> 계 16:16 세 영이 히브리 음으로 아마겟돈이라 하는 곳으로 왕들을 모으더라

마지막 때 아마겟돈 전쟁을 치루기 위해서 사람들을 모은 것과 같이, 바벨을 세우고 그곳에 바벨탑을 세움으로 사람들을 한곳으로 모았습니다. 이는 영적인 전쟁입니다. 바벨탑은 하나님과의 전쟁입니다. 왜냐하면 그들의 목적은 하늘에 닿는 것이기 때문입니다. 마치 사단이 여자를 유혹하면서 '선악을 알게 하는 나무의 실과를 먹으면 하나님과 같이 된다'(창 3:5)고 한 것과 같습니다. 바벨탑은 하나님과 같이 되고자 한 '교만'의 실체입니다.

하늘에 닿고자 했습니다.

> 창 11:4 또 말하되 자, 성과 대를 쌓아 대 꼭대기를 하늘에 닿게 하여 우리 이름을 내고 온 지면에 흩어짐을 면하자 하였더니

흩어짐을 면하자는 것은 결국 하나님에 대항하여 하나 됨을 주

장하는 것입니다. 어떤 단체이든지 단합의 의미에서 '하나가 되자'는 표현을 많이 사용합니다. 물론 교회도 하나 되어야 합니다. 그러나 하나님을 대적하기 위한 연합은 흩어져야 합니다. 오직 하나님의 뜻을 이루기 위한 하나 됨, 즉 주 안에서 하나 되어야 합니다.

> 고전 1:10 형제들아 내가 우리 주 예수 그리스도의 이름으로 너희를 권하노니 다 같은 말을 하고 너희 가운데 분쟁이 없이 같은 마음과 같은 뜻으로 온전히 합하라

그럼 왜 니므롯은 하나 되어 하늘에 닿을 정도의 탑을 쌓자고 하였을까요? 실상 이들의 주장은 하나님의 약속을 불신한 것에서 출발합니다. 노아 홍수 심판 이후에 하나님은 약속하셨습니다. "내가 너희와 언약을 세우리니 다시는 모든 생물을 홍수로 멸하지 아니할 것이라 땅을 침몰할 홍수가 다시 있지 아니하리라"(창 9:11).

무지개 언약을 통해서 이미 물로 심판하지 않을 것을 약속하셨습니다. 그러나 이들은 홍수의 위협이 앞으로도 실재할 것처럼 이야기합니다. 이러한 공포는 사람들로 하여금 그들의 말을 듣게 하고 하나님의 뜻에 반대하는 연합을 만들었습니다.

또한 사람의 영광을 내세웠습니다. 하늘에 닿고자 하는 것은 '우리의 이름' 때문입니다(창 11:4). 이는 인간의 가장 근본적인 죄의 속성입니다. 사실 '우리'라고 하였지만 '자신의 이름'을 내세우

기 위함입니다. 하나님과 같이 되고자 하는 교만을 '우리'라는 단어 속에 감추었습니다. 오늘날에도 모두를 위하는 것처럼 말하는 정치인들이 너무나 많습니다. 그러나 정작 전체를 위함이 아니라 개인이나 속한 정당을 위할 때가 대부분입니다. 결국 그들 자신이 '하늘'이 되고자 하였습니다. 니므롯은 '하늘'이 되고자 하는 독재자입니다.

 **미스라임(애굽)**

> 창 10:13~14 미스라임은 루딤과 아나밈과 르하빔과 납두힘과 바드루심과 가슬루힘과 갑도림을 낳았더라(블레셋이 가슬루힘에게서 나왔더라)

"루딤, 아나밈, 르하빔, 납두힘, 바드루심"은 그 이름의 뜻이 밝혀지지 않은 단어들입니다. 단지 나일강과 애굽을 중심으로 거주했던 원주민들로 추정합니다. 그중에 '가슬루힘'은 부연설명이 되어 있습니다. 가슬루힘이라는 단어는 '해변의 사람들'이라는 뜻입니다.

### 블레셋의 출처

블레셋은 성경에 상당히 많이 등장합니다. 블레셋은 가나안이 아니라 미스라임에 속해 있다는 것은, 블레셋의 기원을 알려 줍니다. 그들은 구약 이스라엘 백성에게 있어서 옆구리의 가시와 같이 오랜 시간 함께한 불친절한 이웃이었습니다.

블레셋은 가슬루힘과 갑도림이 합쳐진 민족입니다.

렘 47:4 이는 블레셋 사람을 진멸하시며 두로와 시돈에 남아 있는 바 도와줄 자를 다 끊어버리시는 날이 이름이라 여호와께서 갑돌섬에 남아 있는 블레셋 사람을 멸하시리라

암 9:7 여호와께서 가라사대 이스라엘 자손들아 너희는 내게 구스 족속 같지 아니하냐 내가 이스라엘을 애굽 땅에서, 블레셋 사람을 갑돌에서, 아람 사람을 길에서 올라오게 하지 아니하였느냐

갑도림은 '둘러싸다'라는 뜻으로 지중해에 위치한 글레테섬으로 추정됩니다.

행 2:11 그레데인과 아라비아인들이라 우리가 다 우리의 각 방언으로 하나님의 큰일을 말함을 듣는도다 하고

딛 1:12 그레데인 중에 어떤 선지자가 말하되 그레데인들은 항상 거짓말장이며 악한 짐승이며 배만 위하는 게으름장이라 하니

딛 1:5 내가 너를 그레데에 떨어뜨려 둔 이유는 부족한 일을 바로잡고 나의 명한 대로 각 성에 장로들을 세우게 하려 함이니

팔레스틴이라는 지명도 그 뜻이 '블레셋의 땅'입니다. 그러나 이들의 출처는 갑도림이며 거슬러 올라가면 애굽(미스라임)입니다. 창세기가 모세오경이라는 것을 앞서 언급하였습니다. 그리고 이들이 직면한 상황은 가나안 땅 정복이라고 할 때, 결국 애굽에서 나와 애굽(팔레스틴)을 정복해야 하는 상황입니다. 지금도 분쟁 지역으로 남아 있는 옛 블레셋 지역인 '가자지구'는 이러한 정복 전쟁이 아직 끝나지 않았음을 말해 줍니다.

### 인본주의 땅에서 약속하신 땅으로!

> 시 105:23~27 이에 이스라엘이 애굽에 들어감이여 야곱이 함 땅에 객이 되었도다 여호와께서 그 백성을 크게 번성케 하사 그들의 대적보다 강하게 하셨으며 또 저희 마음을 변하여 그 백성을 미워하게 하시며 그 종들에게 교활히 행하게 하셨도다 또 그 종 모세와 그 택하신 아론을 보내시니 저희가 그 백성 중에 여호와의 표징을 보이고 함 땅에서 기사를 행하였도다

애굽은 타락한 세상을 의미합니다. 그래서 하나님께서는 하나님의 백성들이 도움을 구하려고 애굽에 내려가는 것을 금하셨습니다(사 31:1). 성도의 도움은 오직 하나님께로부터 오기 때문입니다(시 46:1~2). 문제는 자꾸만 애굽으로 눈이 돌아가고 마음이 갑니

다. 도대체 왜 이럴까요? 하나님의 도움을 받으면 될 것 같은데, 다른 도움을 요구하고, 스스로 해낸 것처럼 착각에 빠집니다. 이것이 인본주의입니다. 그리고 그 역사를 거슬러 올라가면 '니므롯'이 있습니다.

창세기 10장에서 가장 부연설명이 긴 인물은 구스의 자손인 '니므롯'입니다. 그가 개인으로 바벨탑을 쌓고 도시를 세우며 영향력을 행사했다면, 그 사상을 가지고 나라를 세워 지속적으로 이스라엘에 영향을 끼친 민족이 미스라임, 즉 애굽입니다. 바벨탑의 속마음은 '하나님과 같아지는 것'입니다(창 11:4). 이는 타락의 출발점이기도 합니다. 하나님을 떠나 하나님과 같이 되는 것을 꿈꾸는 것, 이것을 우리는 '인본주의'라고 합니다. 그리고 인본주의의 대표적인 나라가 애굽이었습니다.

> 출 5:2 여호와가 누구관대 내가 그 말을 듣고 이스라엘을 보내겠느냐 나는 여호와를 알지 못하니 이스라엘도 보내지 아니하리라

함의 땅은 '하나님을 무시하는 땅'이기에 하나님을 섬기는 이스라엘 백성들이 거할 땅이 아니었습니다. 그래서 준비하신 장소가 '가나안 땅'입니다. 이 땅은 이미 노아 시대부터 예비된 땅입니다. 창세기 9:24~26을 보시면 함이 아버지 노아를 무시하고 이야기를 퍼트림으로 범죄하였습니다. 그런데 그 죄로 인한 저주를 받은 인

물은 함이 아니라 그의 아들 가운데 하나인 '가나안'입니다.

### 형제들의 종들의 종이 되기를 원하노라

애굽에서 이스라엘이 가지는 위치는 '종'이었습니다. 그리고 하나님께서 주신 땅은 어디입니까? 가나안입니다. 이 땅의 예언은, '종들의 종'입니다. 창세기 9:26에서 분명히 말씀하시길 가나안은 셈의 종이 된다고 구체적인 대상까지 확정하셨습니다. 여기에 이스라엘이 가나안을 정복할 명분이 있습니다.

그럼 셈이 이러한 축복을 받게 된 이유는 무엇입니까?
아비의 하체를 덮어 주었습니다(창 9:23). 우리도 덮어 주는 자가 되어야 합니다. 들추고 말을 만들고 문제를 일으키는 자가 아니라 가만히 덮어 줄 수 있는 자가 결국에 가서 주인이 되는 것입니다.
우리의 죄를 사하시기 위해서 오신 예수님이 우리의 죄를 먼저 덮어 주셨습니다. 대표적인 인물이 간음한 여인입니다. 그녀가 끌려왔을 때 책망하셨습니까? 아닙니다. "죄 없는 자가 먼저 돌로 치라"는 유명한 말씀으로 양심을 일깨우시고, 예수님도 또 한 번의 기회를 주셨습니다.
"나도 너를 정죄하지 아니하노니 가서 다시는 죄를 범하지 말라 하시니라". 요한복음 8:11입니다. 이 뿐 아니라 끝내 예수님을 영접하지 않는 모두를 위해서 스스로 그 세상 죄를 걸머지시고 골고다로 올라가 사랑으로 죄를 덮으셨습니다. 베드로전서 4:8은 말씀합니다. "무엇보다 열심히 서로 사랑할지니 사랑은 허다한 죄를 덮느니라". 예수님을 3번 부인(否認)하고 맹세하며 저주까지 했던 베드로의 고백입니다(마 26:34). 자신의 허물을 덮어 주신 예수님의 사랑을 경험한 베드로의 진심 어린 교훈입니다. 죄를 덮을 수 있는 사랑. 대신 값을 치르신 구속의 사랑. 오직 예수님의 십자가 사랑 뿐입니다.

### 가나안에 거주하는 애굽, 블레셋

다시 블레셋 이야기입니다. 애굽을 떠나 가나안에 도착했는데 그곳에서도 애굽이 있었습니다. 그들이 바로 '블레셋'입니다. 블레셋은 구약성경 전체에 걸쳐 총 256절 297회에 걸쳐 발견됩니다. 중요한 기록을 보면, 족장 시대에 아브라함과 이삭에게 걸림이 되었습니다.

> 창 26:1 아브라함 때에 첫 흉년이 들었더니 그 땅에 또 흉년이 들매 이삭이 그랄로 가서 블레셋왕 아비멜렉에게 이르렀더니

아브라함 시대에는 사라를 취함으로 말씀의 대가 끊어질 뻔하였

습니다.

> 창 20:2 그 아내 사라를 자기 누이라 하였으므로 그랄 왕 아비멜렉이 보내어 사라를 취하였더니

이삭 시대에는 우물을 매우고 방해하였습니다.

> 창 26:18 그 아비 아브라함 때에 팠던 우물들을 다시 팠으니 이는 아브라함 죽은 후에 블레셋 사람이 그 우물들을 메웠음이라 이삭이 그 우물들의 이름을 그 아비의 부르던 이름으로 불렀더라

광야 시대에는 이스라엘 백성들이 속히 가나안에 갈 수 있는 길을 막고 있었습니다.

> 출 13:17 바로가 백성을 보낸 후에 블레셋 사람의 땅의 길은 가까울찌라도 하나님이 그들을 그 길로 인도하지 아니하셨으니 이는 하나님이 말씀하시기를 이 백성이 전쟁을 보면 뉘우쳐 애굽으로 돌아갈까 하셨음이라

당시 블레셋은 애굽의 속국으로 광야에서 바로 가나안으로 들어갈 수 있는 길, 해변을 통해서 갈 수 있는 '블레셋으로 가는 길'을 차

지하고 있었습니다. 그리고 하나님께서는 이 길로 갔을 때 반드시 '전쟁'이 일어날 것이라고 보셨습니다. 실제로 이후 블레셋과 이스라엘의 관계를 보면 전쟁이 끊이지 않습니다.

가나안 정복 시대에 여호수아 13:3을 보면 명단이 등장합니다. "곧 애굽 앞 시홀 시내에서부터 가나안 사람에게 속한 북방 에그론 지경까지와 블레셋 사람의 다섯 방백의 땅 곧 가사 사람과 아스돗 사람과 아스글론 사람과 가드 사람과 에그론 사람과 또 남방 아위 사람의 땅과". 이는 정복하지 못한 민족들의 명단입니다. 가나안 정복 전쟁은 끝내 완전한 정복을 이루지 못하고 가시와 올무 같은 이방, 그 가운데 블레셋을 남기게 되었습니다. 이후 사사기와 열왕기에서 많은 전쟁이 기록됨을 보게 됩니다.

① 아벡 전투에서는 언약궤를 탈취당하고 엘리와 그의 두 아들이 죽었습니다(삼상 4:1~11).
② 미스바 전투에서 언약궤가 이스라엘로 되돌아왔으나 블레셋이 이스라엘을 재침공하였습니다. 그러나 하나님의 도우심으로 승리합니다. 이것이 '여기까지 우리를 도우셨다'는 에벤에셀입니다(삼상 7:7~14).
③ 사울의 아들 요나단이 블레셋의 수비대를 기습하였습니다(삼상 13:3~4).

④ 믹마스 전투에서는 요나단이 블레셋 진영으로 들어가 군사 20명가량을 도륙하자 이스라엘 군이 합세하여 대승을 거두었습니다(삼상 14장).

⑤ 엘라 골짜기 전투에서 다윗이 매끄러운 물맷돌로 골리앗을 한 방에 물리쳤습니다(삼상 17장).

⑥ 다윗이 미갈과 결혼하기 위해서 블레셋 군을 20명을 죽이고 양피 100개를 취하였습니다. 사실 이때는 블레셋보다 사울이 더 문제였습니다(삼상 18:17~30).

⑦ 결국 하나님께서 길보아 산 전투에서 블레셋을 통해 사울을 죽이십니다(삼상 31장).

본래 사울이 블레셋을 이용해서 다윗을 죽이려고 '블레셋 사람의 양피 100개'라는 말도 안 되는 요구를 하였습니다. 사무엘상 18:25을 보면, "사울의 생각에 다윗을 블레셋 사람의 손에 죽게 하리라 함이라"고 사울의 속마음을 드러냅니다. 그러나 자신이 하려는 그대로 오히려 블레셋과의 전쟁에서 전사하고 말았습니다. 참으로 하나님의 섭리는 정확합니다.

## 거룩과 경건

미스라임의 자손 애굽과 블레셋을 통해 땅에 대한 두 가지 태도를 확인할 수 있습니다. 하나는 '떠남'입니다. 이는 영적으로 분리되는 것을 의미합니다. 애굽은 하나님을 대적하는 인본주의입니다. 죄는 떠나야 합니다. 그들의 일에 동참하지 말아야 합니다(고후 6:14). 그래서 구속사는 분리의 역사입니다. 아브라함을 부르시고 갈대아 우르에서, 다시 하란에서 떠나게 하셨습니다. 이처럼 이스라엘 백성들 애굽에서 떠나게 하셨습니다. 세상과 구별하시고 거룩한 하나님의 백성이 되게 하셨습니다. 이를 시편 기자는 복 있는 사람이라고 합니다.

> 시 1:1~3 복 있는 사람은 악인의 꾀를 좇지 아니하며 죄인의 길에 서지 아니하며 오만한 자의 자리에 앉지 아니하고 오직 여호와의 율법을 즐거워하여 그 율법을 주야로 묵상하는 자로다 저는 시냇가에 심은 나무가 시절을 좇아 과실을 맺으며 그 잎사귀가 마르지 아니함 같으니 그 행사가 다 형통하리로다

애굽에서 이스라엘을 분리할 때, 모세를 만나신 하나님께서 가장 먼저 알려 주신 것도 '거룩'입니다. 출애굽기 3:5에서 "이리로 가까이 하지 말라 너의 선 곳은 거룩한 땅이니 네 발에서 신을 벗으라". 우리도 하나님의 거룩한 백성입니다. "오직 너희는 택하신 족속이요 왕 같은 제사장들이요 거룩한 나라요 그의 소유된 백성이니 이는 너희를 어두운 데서 불러내어 그의 기이한 빛에 들어가게

하신 자의 아름다운 덕을 선전하게 하려 하심이라"(벧전 2:9).

물론 진정한 거룩함은 '오직' 예수님께 있습니다. "오직 주만 거룩하시다"는 요한계시록 15:4의 고백이 우리의 고백이 되어야 합니다. 이처럼 거룩하신 예수님께서 우리 가운데 거하심으로 우리도 진정한 거룩함에 이르게 됩니다(벧전 3:15).

그런데 분명 예수님의 은혜를 경험하고 믿는 것 같은데, 여전히 세상과 분리되지 못하고 거룩하지 못하는 자신을 발견하게 됩니다. 이는 우리의 땅에 '블레셋'과 같은 애굽이 여전히 존재하기 때문입니다. 이는 떠남으로 해결되지 않습니다.

미스라임에 대한 두 번째 태도는 전쟁입니다. 죄에 대해서 때로는 싸워야 합니다. 피한다고 피해지지 않습니다. 이것이 '경건'입니다. 사실 거룩함과 경건을 엄밀하게 구분하긴 어렵지만 구별한다면 거룩함은 성품입니다. 경건은 삶의 모양이라고 할 수 있습니다. 경건은 한 번에 이루어지지 않습니다. 연습이 필요합니다(딤전 4:7). 공동번역이나 현대인의 성경 등에서는 '훈련'이라고 표현합니다. 훈련은 반복입니다. 그러므로 지금 자신이 경건하지 않은 모습이 있다고 해서 실망하지 않기를 바랍니다.

경건은 나 자신과의 싸움이지만 주변을 돌아보는 것이기도 합니다. 그래서 야고보서 1:27에 "하나님 아버지 앞에서 정결하고 더러움이 없는 경건은 고아와 과부를 환란 중에 돌아보고 자기를 지켜

세속에 물들지 않게 하는 것이라"고 '이웃을 돌아보는 것'과 '자기를 지키는 것'이 다름 아님을 가르쳐 주십니다. 특별히 환란 때 어려운 이웃을 돌아볼 수 있는 힘과 능력은 경건한 자의 모습입니다. 그것이 참된 경건입니다.

## 저주 받은 가나안

창 10:15~18 가나안은 장자 시돈과 헷을 낳고 또 여부스 족속과 아모리 족속과 기르가스 족속과 히위 족속과 알가 족속과 신 족속과 아르왓 족속과 스말 족속과 하맛 족속의 조상을 낳았더니 이 후로 가나안 자손의 족속이 흩어져 처하였더라

가나안이 처음 등장한 성경 구절은 '창세기 9:24~27'입니다.

창 9:24~27 노아가 술이 깨어 그 작은 아들이 자기에게 행한 일을 알고 이에 가로되 가나안은 저주를 받아 그 형제의 종들의 종이 되기를 원하노라 또 가로되 셈의 하나님 여호와를 찬송하리로다 가나안은 셈의 종이 되고 하나님이 야벳을 창대케 하사 셈의 장막에 거하게 하시고 가나안은 그의 종이 되게 하시기를 원하노라 하였더라

"가나안은 저주를 받아"(25절)로 번역한 문장 '아루르 케나안'은 동사 없는 명사 문장입니다. 그대로 직역하면 "저주 받은 자, 가나

안"이 됩니다. 한마디로 가나안은 저주를 받은 자라는 것을 명확하게 표현하는 말씀입니다.

가나안이 저주를 받은 것은, 함의 행동이 단순한 실수가 아니라 구속사적 관점에서 매우 심각한 범죄였기 때문으로 보입니다. 노아는 자신의 장막에서 술에 취하였습니다. 고단한 일상을 마치고 모든 허물을 벗고 자유로운 상태로 쉬고 있는 상태입니다. 물론 도적적인 관점에서는 부적절한 모습으로 보일지 모릅니다. 그러나 아담 타락 이후에 "모두가 수고해야 하는 상태"(창 3:17)에서 노아는 심판을 경험하고 새로운 땅에서 수고의 결실을 만끽하였습니다.

저주를 끊고 참된 안식을 주는 인물로 선택받은 사람이 바로 '노아'라는 것을 기억해야 합니다. 그의 이름은 '안위'입니다(창 5:29).

그 이름의 뜻과 같이 노아의 구속사적인 완성은 '안식'에 있습니다. 방주를 짓고 물 심판을 면하는 것은 그 과정입니다. 하나님께서는 노아의 가정에 아담의 가정과 같은 언약을 체결하시고 복을 주셨습니다(창 1:28). 우리는 노아의 방주만을 생각하지만, 정말 하나님께서 원하셨던 것은 노아의 포도원입니다.

> 창 9:1~2 하나님이 노아와 그 아들들에게 복을 주시며 그들에게 이르시되 생육하고 번성하여 땅에 충만하라 땅의 모든 짐승과 공중의 모든 새와 땅에 기는 모든 것과 바다의 모든 고기가 너희를 두려워

하며 너희를 무서워하리니 이들은 너희 손에 붙이웠음이라

창 9:7 너희는 생육하고 번성하며 땅에 편만하여 그 중에서 번성하라 하셨더라

이처럼 하나님께서는 아담에게 허락하셨던 복을 노아에게 다시 주시고 있음을 볼 수 있습니다. 모든 죄악을 쓸어버리신 하나님은 노아를 통해서 아담이 못다 한 말씀 사역을 이루시고자 하셨습니다.

그리고 노아는 포도나무를 심었습니다.

노아가 포도나무를 심어 포도농장을 만든 사건을 아담의 사역과 연결하여 생각해야 합니다. 하나님의 복(말씀)이 연결되어 있습니다. 또한 십계명을 주셨을 때도 생각해 보시기 바랍니다.

처음 40일간 시내산에서 금식으로 기도하며 말씀을 받았습니다. 하나님께서 친수로 돌을 다듬어 주셨습니다.

그런데 산을 내려와 보니까 금송아지 우상숭배를 합니다. 십계명이 깨졌습니다. 이대로 끝나는 것이 아니라 하나님께서 모세에게 다시 십계명을 주시되, 다른 것이 하나 있었습니다. "돌판 둘을 처음 것과 같이 깎아 만들라!"(출 34:1)

마찬가지로 아담을 창조하신 하나님께서 에덴에 동산을 창설하셨습니다. 말씀을 주셨습니다. 그런데 타락했어요. 깨졌습니다.

함의 후손

그러나 그대로 포기하지 않으시고 아담의 후손 가운데 한 사람, 노아를 찾으셨습니다. 은혜를 입히시고, 방주로 구원하시고, 다시 한 번 '안식할 동산'을 주십니다. 그런데 이번에는 하나님께서 직접 창설하시는 것이 아닙니다. 이번 동산은 하나님께서 만들어 주시는 것이 아니라 직접 노아가 만들었습니다. 그것이 노아의 포도원입니다.

그러므로 노아의 포도원은 단순히 생계를 위한 포도원이 아닙니다. 마치 에덴의 동산과 같은 그러한 기쁨과 만족, 즐거움이 있는 곳입니다. 그래서 성경은 포도원에 대해서 다음과 같이 말씀합니다.

> 사 5:1 내가 나의 사랑하는 자를 위하여 노래하되 나의 사랑하는 자의 포도원을 노래하리라 나의 사랑하는 자에게 포도원이 있음이여 심히 기름진 산에로다

> 시 80:8 주께서 한 포도나무를 애굽에서 가져다가 열방을 쫓아내시고 이를 심으셨나이다

> 사 27:2 그 날에 너희는 아름다운 포도원을 두고 노래를 부를지어다

> 사 27:3 나 여호와는 포도원지기가 됨이여 때때로 물을 주며 밤낮으로 간수하여 아무든지 상해하지 못하게 하리로다

요 15:1 내가 참 포도나무요 내 아버지는 그 농부라

한 마디로 노아의 포도원은 에덴의 회복과 같은 상태입니다. 이러한 관점에서 볼 때, 노아가 포도주에 취하여 벌거벗고 있다는 것은 '동산에서 아담과 하와가 벌거벗었으나 부끄러워하지 않았던 상태'(창 2:25)로 볼 수 있습니다.

이는 전혀 수치스러운 일이 아닙니다. 심지어 노아는 자신의 장막에 있었습니다(창 9:21). 그런데 함은 셈과 야벳에게 이것이 수치가 되도록 말했습니다.

창 9:22 가나안의 아비 함이 그 아비의 하체를 보고 밖으로 나가서 두 형제에게 고하매

잠 17:9 허물을 덮어 주는 자는 사랑을 구하는 자요 그것을 거듭 말하는 자는 친한 벗을 이간하는 자니라

함이 어떻게 말했는지 모르지만 노아가 깨어났을 때, 이를 깨달았다고 말씀합니다. "노아가 술이 깨어 그 작은 아들이 자기에게 행한 일을 알고"(창 9:24). 노아의 두 아들 셈과 야벳이 형제인 함을 고발하지는 않았을 것입니다. 왜냐하면 노아의 장막에 들어와서 덮는 행동은 형제를 향해서도 같은 태도를 보였을 것입니다. 그

럼 노아는 어떻게 알았을까요?

　우리는 늙어서 눈이 어두운 야곱이 요셉의 두 아들을 축복할 때를 생각해 봐야 합니다. 겉으로 볼 때는 늙은 야곱이 실수로 장자와 차자를 구분하지 못하고 안수한 것처럼 보입니다. 그래서 요셉도 야곱의 손을 잡고 에브라임과 므낫세에게 어긋맞겨(창 48:14) 얹은 손을 풀려고 하였습니다(창 48:17). 이때 야곱은 '나도 안다'라고 두 번이나 반복하여 말합니다.

> 창 48:19 아비가 허락지 아니하여 가로되 나도 안다 내 아들아 나도 안다 그도 한 족속이 되며 그도 크게 되려니와 그 아우가 그보다 큰 자가 되고 그 자손이 여러 민족을 이루리라 하고

　이처럼 노아의 겉모습은 취해서 정신이 없는 것 같으나 그는 정확하게 알고 있습니다. 그리고 노아는 함이 아니라 가나안을 저주합니다. 마치 야곱이 므낫세와 에브라임을 요셉 대신 자신의 족보에 올린 것과 같습니다. 함이 아니라 가나안을 저주함으로 저주의 맥이 가나안으로 흘러감을 보여 준 구속사적인 계시입니다.

　함의 아들이 저주를 받았다는 것은, 함의 죄가 가나안으로 연결되어 있음을 알 수 있습니다.

> 창 9:25~27 이에 가로되 가나안은 저주를 받아 그 형제의 종들의 종이 되기를 원하노라 또 가로되 셈의 하나님 여호와를 찬송하리로다 가나안은 셈의 종이 되고 하나님이 야벳을 창대케 하사 셈의 장막에 거하게 하시고 가나안은 그의 종이 되게 하시기를 원하노라 하였더라

축복도 이어지지만 저주도 이어집니다(출 20:5~6). 흔히 '유전죄'라고 부릅니다. 저주를 받은 가나안은 결국 유리하는 자가 됩니다. 왜냐하면 그들의 죄가 이어지고 이어져서 결국 그들의 땅이 그들을 토하여 냈기 때문입니다(레 18:3, 25).

결국 가나안 정복은 저주를 끊는 것입니다.

하나님께서 가나안 땅에 이스라엘을 정착시키려고 하십니다. 저주를 받은 가나안 족속을 멸하고 그 땅을 축복의 땅, 약속의 땅으로 삼으셨습니다. 찾아 두었던 땅, 젖과 꿀이 흐르는 땅, 모든 땅 중에 가장 아름다운 땅입니다(겔 20:6).

가장 처음 가나안 땅에 들어간 인물이 바로 아브라함입니다. 하나님께서는 아브라함을 통해서 가나안이 복된 땅으로 변할 수 있는 기회를 주셨습니다. 창세기 12:3의, "너를 축복하는 자에게는 내가 복을 내리고 너를 저주하는 자에게는 내가 저주하리니 땅의 모

든 족속이 너를 인하여 복을 얻을 것이니라 하신지라"는 부분에서 결론은 '땅의 모든 족속이 너를 인하여 복을 얻을 것이니라'입니다. 그러므로 아브라함이 들어간 가나안 땅을 아브라함을 통해서 복을 얻는 땅으로 만드시는 것, 이것이 가나안을 향한 하나님의 구속 경륜입니다.

　오늘날 성도들도 마찬가지입니다. 아브라함과 같은 믿음으로 말씀을 좇아갈 때, 밟는 모든 땅이, 그곳의 사람들이 복을 얻게 됩니다. 저주의 가나안이 가장 아름다운 땅이 됩니다.

> 갈 3:9 그러므로 믿음으로 말미암은 자는 믿음이 있는 아브라함과 함께 복을 받느니라

 시돈

> 창 10:15 가나안은 장자 시돈과 헷을 낳고

성경에는 시돈 사람 두 명이 매우 대조적으로 등장합니다. 한 사람은 공주이고, 다른 한 사람은 과부입니다.

### 시돈의 공주 이세벨

> 왕상 16:31 느밧의 아들 여로보암의 죄를 따라 행하는 것을 오히려 가볍게 여기며 시돈 사람의 왕 엣바알의 딸 이세벨로 아내를 삼고 가서 바알을 섬겨 숭배하고

여기 '엣바알'은 '에트'와 '바알'이 합쳐진 단어로 '바알과 함께 생활하는 자'라는 뜻을 가집니다. 엣바알의 딸이라는 칭호대로 그녀는 우상을 들여왔습니다. 사마리아에 건축한 바알의 사당 속에 바알을 위하여 단을 쌓으며 아세라 목상을 만들었습니다. 이것이 하

나님의 노를 격발하였습니다(왕상 16:32~33).

또한 선지자들을 무참히 살해하였습니다. 그녀의 대대적인 숙청 속에서 의로운 오바댜가 위험을 무릅쓰고 선지자들을 숨겼고, 이렇게 믿는 자들이 숨어들어 드러난 사람이 없었습니다. 그래서 엘리야는 다 죽고 자신만 남았다고 하나님께 하소연할 정도였습니다(왕상 19:10).

결정적으로 이세벨은 왕인 아합을 충동하였습니다. 열왕기상 21:25에서는 아합의 심히 가증한 죄가 아내 이세벨의 충동 때문이었다고 말씀하고 있습니다. 이 본문을 현대인의 성경에서는 "일찍이 아합처럼 여호와 앞에서 악을 행하는 데만 정신이 팔린 사람도 없었다. 이것은 그의 아내 이 세벨이 그를 충동하여 온갖 악을 행하도록 하였기 때문이었다"고 번역하고 있습니다.

시돈 사람 이세벨은 여전히 우리 가운데 있습니다. 또한 앞으로 일어날 마지막 때에도 존재합니다.

요한계시록에 등장하는 아시아 일곱 교회는 말세에 등장하게 될 전 세계 교회의 모형이요, 성도 개개인의 신앙 모습입니다. 대체로 책망과 칭찬이 공존합니다. 그 가운데 두아디라 교회를 살펴보고자 합니다.

계 2:19 내가 네 사업과 사랑과 믿음과 섬김과 인내를 아노니 네 나

### 중 행위가 처음 것보다 많도다

두아디라 교회는 신앙인으로서의 자기 관리에 철저했기에 칭찬받을 만했습니다. 사업과 사랑과 믿음과 섬김과 인내로서, 곧 신앙생활에 만전을 다했습니다. 행위에 사랑을 더함으로써 위선을 벗어나고, 믿음에 봉사가 뒤따름으로써 구원받을 거짓 없는 믿음으로 인정받기에 충분한 조건들을 갖추었습니다.

더하여 "나중 행위가 처음 것보다 많았다"는 부분은 다른 교회와 차별된 두아디라 교회의 장점입니다. 어제보다 나은 오늘을 살았습니다.

그러나 이렇게 잘하던 두아디라 교회에 책망할 일이 있다고 말씀하십니다. 그것이 바로 20절에서 '자칭 선지자라 하는 여자 이세벨'을 용납한 일입니다.

여기서 이세벨의 상징은 '음란과 우상'입니다(왕상 16:30~31; 왕하 9:22). 하나님의 말씀이 아니라 세상과 짝하여 음행하고, 술수(術數)를 동원해 이익을 취하는 것입니다. 거짓으로 자신의 이익을 취하는 것입니다. 웃음 속의 거짓, 침묵 속의 거짓, 눈물 속의 거짓이 담겨 있습니다. 이세벨은 할 수만 있으면 믿는 성도 하나라도 더 꾀어 넘어뜨리려는 말세 어둠의 역사의 한 모형입니다.

아합 시대에 이세벨은 왕을, 북이스라엘 전체를 꾀어 세상 가운데 던졌습니다. 마지막 때에 이세벨 또한 여러 모양으로 이와 같은 일을 합니다. 이들의 삶은 결국 하나님과 대결하는 삶입니다.

엘리야 선지자는 아합에게 바알의 선지자 450인과 아세라의 선지자 400인을 갈멜산에 모으라고 말하였습니다(왕상 18:19). 갈멜산에서, 하나님께서는 엘리야 선지자의 제단에 불을 내리시어 승리하게 하시고, 엘리야는 바알 선지자를 한 사람도 남김없이 잡아 기손 시내에서 죽였습니다(왕상 18:40).

이 대결에서 엘리야는 외칩니다. "너희가 어느 때까지 두 사이에서 머뭇머뭇 하려느냐 여호와가 만일 하나님이면 그를 좇고 바알이 만일 하나님이면 그를 좇을지니라"(왕상 18:21). 그리고 보여 주신 불의 이적은 하나님이 참된 신임을 증거하였습니다. 그러나 이러한 증거를 보고도 아합 왕은 회개하기는커녕, 이세벨을 통하여 더욱 폭력적이고 극악한 종교적 탄압 정책을 시행하였습니다(왕상 19:2).

그러므로 이세벨을 용납해서는 안 됩니다. 반드시 내쫓아야 합니다!

### 시돈의 사르밧 과부

두 번째 시돈 사람은 공주와는 너무나 비교되는 미천한 신분입니다. 성경에서 약자로 분류되는 대표적인 사람들 가운데 반드시 언급되는 '과부'였습니다. 심지어 사르밧 과부는 작은 떡이 가진 전부였습니다.

> 왕상 17:11~12 저가 가지러 갈 때에 엘리야가 저를 불러 가로되 청컨대 네 손에 떡 한 조각을 내게로 가져오라 저가 가로되 당신의 하나님 여호와의 사심을 가리켜 맹세하노니 나는 떡이 없고 다만 통에 가루 한 움큼과 병에 기름 조금뿐이라 내가 나뭇가지 두엇을 주워다가 나와 내 아들을 위하여 음식을 만들어 먹고 그 후에는 죽으리라

"그 후에는 죽으리라". 참으로 딱한 사정을 품고 있는 과부가 아닐 수 없습니다. 과부가 이러한 절망적인 선택을 하게 된 여러 가지 이유가 있겠지만 스스로 원해서가 아니었다는 점은 분명합니다. 너무나 살고 싶지만, 그의 인생에 감당할 수 없는 가뭄이 찾아왔습니다. 모든 것이 말라 버렸습니다(왕상 17:7).

엘리야가 사르밧으로 오게 된 것도 더 이상 물이 없었기 때문입니다. 까마귀를 통해서 양식을 보내어 먹이신 하나님의 기적과 같은 역사를 체험한 엘리야는 말씀에 따라 사르밧으로 이동합니다. 시내가 마를 정도의 가뭄입니다.

힘들게 하루하루 살아왔을 과부에게, 그것도 어린아이가 있는 젊은 과부에게는 너무나 가혹한 환경입니다. 하나님께서 이스라

엘 땅에도 수많은 과부가 있지만 시돈의 한 과부에게 하나님의 선지자를 보내셨습니다.

> 눅 4:25~26 내가 참으로 너희에게 이르노니 엘리야 시대에 하늘이 세 해 여섯 달을 닫히어 온 땅에 큰 흉년이 들었을 때에 이스라엘에 많은 과부가 있었으되 엘리야가 그중 한 사람에게도 보내심을 받지 않고 오직 시돈 땅에 있는 사렙다의 한 과부에게뿐이었으며

그런데 엘리야가 와서 하는 말을 들어 보세요. 축복의 말씀으로 소망을 선포하는 것이 아니라 첫 마디가 물 좀 달라고 합니다. 일상적인 때라면 선뜻 주겠다고 하겠지만 지금은 3년 6개월간 큰 흉년입니다.

그럼에도 불구하고 여인은 바로 순종하는 모습을 보입니다(왕상 17:11). 참으로 놀라운 믿음입니다. 그런데 물을 가지러 가는 그 발걸음을 불러 세우고 정말 감당하기 어려운 요구를 합니다.

> 엘리야가 저를 불러 가로되 청컨대 네 손에 떡 한 조각을 내게로 가져오라

그제야 과부가 자신의 사정을 이야기합니다. 이 이야기의 끝이 "죽으리라"입니다. 그러한 과부을 마주 보고 있는 엘리야, 당시 엘

리야의 상태는 과부보다 훨씬 건강하고 좋아 보였을 것입니다. 왜냐하면 하나님께서 밤낮으로 먹이셨기 때문입니다. 떡과 고기로 날마다 잘 먹었습니다.

> 왕상 17:6 까마귀들이 아침에도 떡과 고기를, 저녁에도 떡과 고기를 가져왔고 저가 시내를 마셨더니

3년 6개월입니다. 지금 과부는 떡과 고기는 고사하고 마지막 떡, 작은 떡 하나 만들어서 아들과 먹고 죽을 상황입니다. 그런데 허우대 멀쩡한 사람이 와서 다 죽어 가는 것도 아니고, 이제 이것 하나 먹고 죽으려고 하는 자신에게 물을 달라 하더니 떡을 내놓으라니요! 속된 말로 이게 사람입니까! 상식적으로는 말도 안 되는 일이죠. 그런데 당당해요. 엘리야는 당당합니다.

큰 흉년에, 가난한 과부에게 물과 떡을 요구하는 엘리야가 왜 이렇게 당당할까요?

이 말씀을 놓고 고민할 때, 과부의 입장에서는 답이 없습니다. 그럼 엘리야의 입장에서 생각해 보아야 합니다. 하나님의 사람 엘리야, 변화 승천하였던 믿음의 사람이라는 것을 전제하시기 바랍니다. 하나님의 일이라면 850 대 1의 말도 안 되는 싸움도 기꺼이 나서는 사람입니다. 자신의 사명을 다하지 못한 것 같아 "이제 나를 죽여 달라"고 애절하게 기도하였던 그러한 엘리야입니다.

이러한 엘리야이기에 우리가 보지 못한 것을 과부에서 본 것입니다. 성문에서 나뭇가지를 줍고 있는 여인을 보고 다가갔습니다. 우연히 찾아간 것이 아닙니다. 하나님의 말씀을 따라왔습니다.

예수님께서도 누가복음, 공생애의 첫 말씀에 이 사르밧 과부에 대해서 말씀하십니다. 말씀을 선포하고 증거하는데 고향 사람들이 박대합니다. 거절합니다.

그러한 가운데 누가복음 4:25~26을 통해서, 엘리야가 3년 6개월의 큰 흉년 가운데 유대인도 아닌 이방의 과부에게 찾아간 것이 우연이겠냐고 묻습니다. 우연이 아닙니다. 유대인에게 없는 믿음이 이 시돈의 여인에게 있었다는 것을 봐야 합니다. 사도 바울도 주목하여 볼 때, 그 믿음을 보았습니다.

> 행 14:8~9 루스드라에 발을 쓰지 못하는 한 사람이 있어 앉았는데 나면서 앉은뱅이 되어 걸어 본 적이 없는 자라 바울의 말하는 것을 듣거늘 바울이 주목하여 구원 받을 만한 믿음이 그에게 있는 것을 보고

엘리야는 하나님의 명령을 따라 시돈에 도착하였습니다. 하나님께서 분명히 공궤하게 하겠다고 하셨지만, 아직 누구라고 말씀하지 않았습니다. 그리고는 성문에서 여인을 보았습니다. 물을 달라는 말에 즉시 순종합니다. 이러한 여인을 보면서 깨달았을 것입니

다. '아, 이 여자가 말씀하신 그 과부구나!' 그리고 요구합니다. 자신을 공궤(供饋)할 것을 요구합니다.

과부에게는 작은 떡이 전부였습니다.
과부의 작은 떡은 우리가 가진 전부와 같습니다. 우리에게 전부는 작은 떡과 같습니다. 한마디로 작은 떡은 전부를 의미합니다. 이것이 없으면 이제 소망도 없고 죽음밖에 남지 않습니다. 누구에게든지 작은 떡이 있습니다.
그런데 이 작은 떡이 내 손에 있을 때는 이것으로 끝입니다. 먹고 나면 죽음뿐입니다. 그러나 이 작은 떡을 드립니다. 하나님께 드립니다. 본문에서는 엘리야에게 주었지만 실상 말씀에 순종하여 하나님께 드리는 것입니다. 그래서 엘리야도 말합니다.

> 왕상 17:13~14 엘리야가 저에게 이르되 두려워 말고 가서 네 말대로 하려니와 먼저 그것으로 나를 위하여 작은 떡 하나를 만들어 내게로 가져오고 그 후에 너와 네 아들을 위하여 만들라 이스라엘 하나님 여호와의 말씀이 나 여호와가 비를 지면에 내리는 날까지 그 통의 가루는 다하지 아니하고 그 병의 기름은 없어지지 아니하리라 하셨느니라

나의 작은 떡이 이제 하나님의 손에 있습니다. 그 작은 떡을 다

시 우리에게 주십니다. 하나님께서 주시는 양식은 먹고 죽는 것이 아니라 먹고 사는 양식이 됩니다(시 111:5). 오늘날 그 산 떡의 실체가 바로 예수님이십니다. 예수님께서는 영원한 언약, 말씀으로 오셨습니다. 우리를 살리시는 양식이 되셨습니다.

> 요 6:57 살아 계신 아버지께서 나를 보내시매 내가 아버지로 인하여 사는 것같이 나를 먹는 그 사람도 나로 인하여 살리라

엘리야는 과부에게 말씀합니다. "두려워 말라". 그리고 요구합니다. "나를 위하여 작은 떡을 하나 만들어 오라". 다음이 중요합니다. "그 후에 너와 네 아들을 위하여 만들라"입니다. '먼저와 그 후' 순서가 있음을 가르쳐 줍니다. 여기서는 엘리야가 먼저이지만, 궁극적으로 하나님의 말씀이 먼저입니다. 그래서 예수님께서도 "너희는 먼저 그 나라와 그 의를 구하라"고 가르쳐 주셨습니다. 우리가 쉽게 듣고 "아멘" 하는 말씀 가운데 하나이지만, 만일 작은 떡을 요구하는 지금과 같은 상황이라고 할 때, 어떤 대답을 하시겠습니까?

인생의 문제를 단순화하면 '무엇을 먹을까? 무엇을 입을까?'입니다(마 6:31~33). 성문 앞에서 나뭇가지를 줍는 과부의 걱정도 이것이 전부였습니다. 그러나 말씀에 순종하여 '작은 떡'을 바친 순간,

'무엇을 먹을까?'의 염려가 사라졌습니다. 마르지 않는 생수의 경험을 하게 되었습니다(요 7:38).

### 당신은 시돈의 공주입니까, 과부입니까?

내 전부, 작은 떡이지만 먼저 하나님께 드리는 믿음이 저주를 끊고 나를 살립니다. 먼저 감사하시기 바랍니다. 예수님은 오병이어 사건을 통해 '먼저의 축복'을 보여 주셨습니다. 겨우 떡 다섯 개와 물고기 두 마리입니다. 수많은 사람들이 먹기에는 적은 음식이지만 먼저 하늘을 우러러 축사, 감사하셨습니다. 그리고 제자들의 손에 주시며 나누게 하셨습니다. 그 결과 모두가 배불리 먹고 오히려 남음이 있었습니다(마 14:20).

시돈의 과부가 직면한 상황은 시내가 마를 정도로 극한 상황입니다. 인생의 한파가 몰려와서 모든 것이 얼어붙은 것 같습니다. 마음도 굳어지고 소망을 잃었습니다.

겨우 힘을 내서 나무 조각을 모아 불을 지피고 마지막 남은 양식으로 최후를 준비하는 시돈의 과부의 심정을 헤아려 보시기 바랍니다. 그러한 위기에 기회가 왔습니다. 기회는 무례한 모습이었습니다. 그러나 영적으로 볼 때, 너무나 당당한 요구이며, 축복의 약속이었습니다.

공주와 과부의 끝이 완전히 다릅니다.
시돈의 공주는 비참한 최후를 맞이했습니다.

> 왕하 9:34~37 예후가 들어가서 먹고 마시고 가로되 가서 이 저주 받은 계집을 찾아 장사하라 저는 왕의 딸이니라 하매 가서 장사하려 한즉 그 두골과 발과 손바닥 외에는 찾지 못한지라 돌아와서 고한대 예후가 가로되 이는 여호와께서 그 종 디셉 사람 엘리야로 말씀하신 바라 이르시기를 이스르엘 토지에서 개들이 이세벨의 고기를 먹을 찌라 그 시체가 이스르엘 토지에서 거름 같이 밭 면에 있으리니 이 것이 이세벨이라고 가리켜 말하지 못하게 되리라 하셨느니라

그러나 반대로 시돈의 과부는 부활을 경험하고 온전히 하나님을 믿었습니다.

> 왕상 17:24 여인이 엘리야에게 이르되 내가 이제야 당신은 하나님의 사람이시요 당신의 입에 있는 여호와의 말씀이 진실한 줄 아노라 하니라

왜 시돈 과부의 아들을, 그 멀쩡한 아들을 죽게 하셨을까요? 시돈은 본래 저주의 족속, 가나안의 후손입니다. 반드시 죽어야 합니다. 원래 한 번 죽는 것이 정한 이치입니다(히 9:27). 그러나 죽음으

로 끝나지 않는 것이 바로 '믿음'입니다. "믿는 자는 죽어도 살겠고"의 신앙(요 11:25), 이것이 부활의 신앙이며 십자가의 신앙입니다.

> 갈 2:20 내가 그리스도와 함께 십자가에 못 박혔나니 그런즉 이제는 내가 산 것이 아니요 오직 내 안에 그리스도께서 사신 것이라 이제 내가 육체 가운데 사는 것은 나를 사랑하사 나를 위하여 자기 몸을 버리신 하나님의 아들을 믿는 믿음 안에서 사는 것이라

과부는 아들이 죽고 다시는 사는 과정을 통해서 '온전한 믿음'을 고백합니다. 우리 또한 죽어야 합니다. 죄악 된 옛 사람, 저주 받은 '나'를 십자가에 못 박으시기 바랍니다. 그리고 예수님을 믿는 믿음 안에서 다시 살아가시기 바랍니다.

 헷

창 10:15 가나안은 장자 시돈과 헷을 낳고

성경에 헷은 가나안 땅 남부 지역에 거주하였습니다. 근거지는 헤브론입니다. 기본적으로 우리가 가나안 족속들을 대할 때, 이들이 '저주' 가운데 있음을 인지해야 합니다. 그러나 하나님의 뜻은 한 사람이라도 망하는 것이 아니라 회개하고 돌이키는 것에 있습니다(벧후 3:9). 이러한 관점에서 헷 족속을 바라보았으면 합니다.

**헷과 막벨라 굴**

헷 자손이 등장하는 중요한 구속사적 사건은 그들의 땅 일부, 즉 헤브론의 막벨라 굴을 판 것입니다.

창 23:3~10 그 시체 앞에서 일어나 나가서 헷 족속에게 말하여 가로되 나는 당신들 중에 나그네요 우거한 자니 청컨대 당신들 중에

서 내게 매장지를 주어 소유를 삼아 나로 내 죽은 자를 내어 장사하
게 하시오 헷 족속이 아브라함에게 대답하여 가로되 내 주여 들으
소서 당신은 우리 중 하나님의 방백이시니 우리 묘실 중에서 좋은
것을 택하여 당신의 죽은 자를 장사하소서 우리 중에서 자기 묘실
에 당신의 죽은 자 장사함을 금할 자가 없으리이다 아브라함이 일
어나 그 땅 거민 헷 족속을 향하여 몸을 굽히고 그들에게 말하여 가
로되 나로 나의 죽은 자를 내어 장사하게 하는 일이 당신들의 뜻일
진대 내 말을 듣고 나를 위하여 소할의 아들 에브론에게 구하여 그
로 그 밭머리에 있는 막벨라 굴을 내게 주게 하되 준가를 받고 그
굴을 내게 주어서 당신들 중에 내 소유 매장지가 되게 하기를 원하
노라 때에 에브론이 헷 족속 중에 앉았더니 그가 헷 족속 곧 성문에
들어온 모든 자의 듣는데 아브라함에게 대답하여 가로되

창 25:10 이것은 아브라함이 헷 족속에게서 산 밭이라 아브라함과
그 아내 사라가 거기 장사되니라

창 49:32 이 밭과 거기 있는 굴은 헷 사람에게서 산 것이니라

아브라함의 아내 사라가 127세를 향수하고 죽었습니다(창 23:1).
이 구절은 매우 이례적입니다. 아담이 930세를 향수하고 죽었다는
기록은 있지만, 하와가 몇 세에 죽었다는 기록은 없습니다. 다른

위대한 족장들의 아내들도 대부분 죽음에 대한 기록이 성경에 나타나 있지 않습니다. 그런데 아브라함의 아내인 사라의 죽음은 정확하게 기록하였습니다. 또한 그녀의 죽음과 사망한 장소를 창세기 23장 전체에 걸쳐서 길게 다루고 있습니다. 이는 사라가 구속사적으로 매우 중요한 위치에 놓여 있기 때문입니다. 그리고 그 증거가 헷 사람들에게서 산 '막벨라 굴'입니다.

### 경건한 아내(동역자)

사라는 창세기 12장에서 아브라함을 부르시고 127세에 이르기까지 묵묵히 아브라함 곁에서 함께하였습니다. 자녀가 없어 약속을 받을 때에도, 주신다는 자녀가 없어 실망 가운데 있을 때에도, 아브라함이 하나님의 뜻을 잘못 알아 애굽에 내려가 실수할 때에도 늘 아브라함의 옆에는 사라가 함께하였습니다. 그리고 그러한 사라를 하나님께서 '열국의 어미'로 삼아 주셨습니다(창 17:16). 히브리서 11장 믿음의 장에도 사라의 이름이 기록되어 있습니다(히 11:11~12).

실로 사라는 아브라함과 함께 갈대아 우르를 떠나 마침내 65세의 나이로 가나안에 들어온 이후(창 12:4~5), 62년을 아브라함과 함께하고 127세에 죽어 막벨라 굴에 장사됨으로(창 23:19), 아브라함의 충실한 동반자로서의 나그네 삶을 마감하였습니다(벧전 3:6).

> 벧전 3:6 사라가 아브라함을 주라 칭하여 복종한 것같이 너희가 선을 행하고 아무 두려운 일에도 놀라지 아니함으로 그의 딸이 되었느니라

## 사라는 약속의 땅 가나안을 가장 먼저 소유

아브라함은 죽은 아내 사라를 헷 사람의 땅, 막벨라 굴에 장사하였습니다(창 23:18~19).

처음 아브라함이 가나안에 들어왔을 때, 사람들은 그를 '히브리 사람'(창 14:13)으로 불렀습니다. '히브리'는 '건너오다'라는 뜻으로서, 아브라함이 갈대아 우르에서 유브라데 강을 건너서 가나안에 왔기 때문에 불린 이름입니다. 이처럼 가나안 사람들에게 이방인 취급을 받던 아브라함은 스스로를 "나는 당신들 중에 나그네요 우거한 자니"라고 소개합니다(창 23:4).

이러한 상황 속에서 아브라함이 가나안 땅의 일부를 매입하는 일은 쉽지 않았을 것입니다. 그러나 아브라함은 아내의 죽음을 계기로 헷 족속에게 사라를 매장할 땅을 사겠다고 제안할 수 있었습니다(창 23:4). 당시에 통상적인 거래 대화일지라도, '나그네와 우거하는 자'인 아브라함에게 헷 족속의 지도자인 '에브론'은 무상으로 장지를 주겠다고 선뜻 말했습니다(창 23:11).

아브라함은 에브론의 제의를 거절하고 은 400세겔을 주고 합법

적으로 구입합니다. 이것은 하나님의 횃불 언약에 근거하여, 가나안 땅이 이스라엘 백성의 소유라는 것을 미리 인(印)친 믿음의 행동이었습니다. 막벨라 굴은 하나님께서 아브라함에게 언약하신 '약속의 땅에 대한 소유권 주장'을 위한 최초의 역사적 근거지가 되었습니다(창 23:17~20). 이처럼 믿음이란 하나님의 약속을 확실히 믿고 그것을 바라보며 실상으로 성취해 나가는 것입니다(히 11:1).

아브라함은 작은 '막벨라 굴'을 통하여 하나님께서 장차 주시겠다고 약속하신 거대한 '가나안 땅'을 바라보았습니다. 여기에 사라를 시작으로 아브라함(창 25:9), 리브가(창 49:31), 레아(창 49:31), 야곱(창 49:29~33, 50:13) 등 여섯 명의 신앙의 인물들이 묻히게 됩니다. 후일에 모세는 언약의 선조, 아브라함과 이삭과 야곱이라는 3대 족장이 묻힌 이곳을, 이스라엘 백성을 출애굽시켜 인도할 땅, 하나님 약속의 근거지로 삼았습니다. 이러한 땅에 대한 성취가 바로 믿음의 아내 사라를 통해서 이루어진 것입니다.

사라는 향년 127세로 죽었습니다. 그러나 그의 생애는 이삭을 통해서 약속의 자녀를 생산하였고 죽어서는 약속의 땅을 확정하는 복된 인생이었습니다.

> 사 51:2 너희 조상 아브라함과 너희를 생산한 사라를 생각하여 보라 아브라함이 혈혈단신으로 있을 때에 내가 부르고 그에게 복을 주어 창성케 하였느니라

아브라함에게 하신 모든 언약이 사라를 통해서 이루어진 것입니다. 마찬가지로 마지막 때에도 우리에게 말씀하신 언약이 교회를 통해서 자녀를 생산하는 것과 같이 각 교회는 부흥해야 합니다. 주의 이름으로 일할 70명의 일꾼과 같은, 믿음의 자녀들이 충만한 교회가 되시기 바랍니다.

### 헷의 딸들을 아내로 둔 에서

> 창 26:34 에서가 사십 세에 헷 족속 브에리의 딸 유딧과 헷 족속 엘론의 딸 바스맛을 아내로 취하였더니

에서와 야곱은 쌍둥이입니다. 그러나 하나는 영적으로 근심거리가 되었고, 다른 하나는 신앙을 잘 계승하였습니다. 왜 이런 차이가 생겼을까요? 궁극적으로는 하나님의 택하심입니다. 그리고 에서와 야곱의 삶을 살펴보면 그 가정의 구성이 다르다는 것을 알 수 있습니다. 에서의 경우 이방 여인들을 아내로 삼아 부모의 근심이 되었습니다(창 27:46). 반면 야곱의 경우는 에서를 피해서 라반에게 도망쳤지만, 그 과정에서 이삭은 야곱에게 부탁합니다. "너는 가나안 사람의 딸들 중에서 아내를 취하지 말라"입니다(창 28:1). 저주를 받은 가나안의 피가 믿음의 가정에 흐르지 않도록 경계하고 있음을 알아야 합니다.

에서가 장자의 축복을 빼앗긴 사건의 전후를 살펴보시기 바랍니다. 놀랍게도 장자의 축복을 빼앗기기 전에 결혼이 먼저 언급됩니다(창 26:34). 그리고 이 결혼을 통해서 에서의 자격 없음이 드러납니다. 에서는 창세기 6장에 등장하는 죄의 반복을 보여 줍니다.

"하나님의 아들들이 사람의 딸들의 아름다움을 보고 자기들의 좋아하는 모든 자로 아내를 삼는지라"(창 6:1). 분명 하나님께서 이방과의 결혼을 금하셨습니다. 구약뿐 아니라 신약에서도 마찬가지입니다. "너희는 믿지 않는 자와 멍에를 같이 하지 말라"(고후 6:14). 이는 준엄한 명령입니다. 그러나 에서는 이러한 하나님의 뜻을 이해하지 못하였고, 그 결과 27장에 가서 '야곱이 이삭의 축복을 받은 사건'이 일어납니다. 그제야 무엇인가 잘못된 것을 느낀 에서가 돌아본 것이 바로 자신의 결혼이었습니다. 창세기 28장은 "에서가 본즉"이라는 표현을 반복적으로 사용함으로써 에서가 문제의 원인을 찾고 해결하기 위한 노력을 했다는 것을 알려 줍니다.

창 28:6 에서가 본즉 이삭이 야곱에게 축복하고 그를 밧단아람으로 보내어 거기서 아내를 취하게 하였고 또 그에게 축복하고 명하기를 너는 가나안 사람의 딸들 중에서 아내를 취하지 말라 하였고

창 28:8 에서가 또 본즉 가나안 사람의 딸들이 그 아비 이삭을 기쁘게 못하는지라

결혼은 기본적으로 반드시 해야 할 일입니다. 하나님께서는 '사람의 독처하는 것이 좋지 못하다'고 하셨습니다(창 2:18). "하나님 보시기에 좋았더라"의 창조 본래의 세상은 '돕는 배필'이 있어야 합니다.

결혼의 이야기는 개인사로 끝나지 않습니다. 신령한 결혼은 그리스도와 연합을 의미합니다. 에베소서 5:23~32의 내용을 보면 결국 결혼이라는 모습을 통해서 '그리스도와 교회'의 관계를 밝힙니다.

그러므로 에서가 결혼한 '헷 여인들'은 생물학적인 남녀의 관계가 아니라 영적인 문제로 이어지기에 '근심거리'가 되었습니다.

> 창 27:46 리브가가 이삭에게 이르되 내가 헷 사람의 딸들을 인하여 나의 생명을 싫어하거늘 야곱이 만일 이 땅의 딸들 곧 그들과 같은 헷 사람의 딸들 중에서 아내를 취하면 나의 생명이 내게 무슨 재미가 있으리이까

그럼 왜 이렇게 헷의 딸들이 근심이 되었고, 심지어 리브가는 살 소망이 끊어졌다고 강하게 표현할까요? 성경에서 헷 족속이 여성형으로 쓰일 때, 주로 우상의 가증한 숭배를 의미합니다. 특별히 하나님의 도성 예루살렘이 가증한 죄를 범하였을 때 사용된 표현입니다.

겔 16:3 이르기를 주 여호와께서 예루살렘에 대하여 말씀하시되 네 근본과 난 땅은 가나안이요 네 아비는 아모리 사람이요 네 어미는 헷 사람이라

겔 16:45 너는 그 남편과 자녀를 싫어한 어미의 딸이요 너는 그 남편과 자녀를 싫어한 형의 동생이로다 네 어미는 헷 사람이요 네 아비는 아모리 사람이며

예루살렘의 근본적인 문제를 파헤쳐 보니까 그 뿌리에 누가 있습니까? 멸하라고 하신 가나안 족속이 여전히 있습니다. 그리고 그 어미가 헷 사람입니다. 우리 안에 자리 잡고 있는 헷의 딸들을 쫓아 보내야 합니다. 그것이 바로 개혁입니다.

스 10:2~3 엘람 자손 중 여히엘의 아들 스가냐가 에스라에게 이르되 우리가 우리 하나님께 범죄하여 이 땅 이방 여자를 취하여 아내를 삼았으나 이스라엘에게 오히려 소망이 있나니 곧 내 주의 교훈을 좇으며 우리 하나님의 명령을 떨며 준행하는 자의 의논을 좇아 이 모든 아내와 그 소생을 다 내어 보내기로 우리 하나님과 언약을 세우고 율법대로 행할 것이라

이는 구속사의 시작이라고 할 수 있는 아브라함의 가정에서도

일어났던 개혁입니다.

> 창 21:10 그가 아브라함에게 이르되 이 여종과 그 아들을 내어쫓으라 이 종의 아들은 내 아들 이삭과 함께 기업을 얻지 못하리라 하매

> 갈 4:30 그러나 성경이 무엇을 말하느뇨 계집종과 그 아들을 내어쫓으라 계집종의 아들이 자유하는 여자의 아들로 더불어 유업을 얻지 못하리라 하였느니라

헷의 딸들을 쫓아내야 합니다. 우상이 들어오는 통로가 됩니다. 근심이 됩니다. 살 소망이 끊어지게 됩니다.

요즘 결혼을 포기하는 시대가 되었습니다. 혼자 사는 것이 낫다고 말합니다. 그러나 하나님께서 말씀하십니다. "독처하는 것이 좋지 못하니"(창 2:18). 주 안에서 결혼하시기 바랍니다. 반드시 도우십니다. 아브라함에게 허락하신 복을 주십니다. 이삭은 야곱에게 에서를 피해서 도망가라고 보낸 것이 아닙니다. 결혼을 통해서 신앙의 전수를 이루고 복의 통로가 되는 사명을 맡겼습니다.

> 창 28:2~4 일어나 밧단아람으로 가서 너의 외조부 브두엘 집에 이르러 거기서 너의 외삼촌 라반의 딸 중에서 아내를 취하라 전능하

신 하나님이 네게 복을 주어 너로 생육하고 번성케 하사 너로 여러 족속을 이루게 하시고 아브라함에게 허락하신 복을 네게 주시되 너와 너와 함께 네 자손에게 주사 너로 하나님이 아브라함에게 주신 땅 곧 너의 우거하는 땅을 유업으로 받게 하시기를 원하노라

휘선 박윤식 목사님은 "경건한 가정은 자손만대에 망하지 않습니다. 딸 낳으나 아들을 낳으나 복된 아들, 복된 딸을 낳는 것입니다"라며, 가정이 복, 그 자체임을 강조하였습니다. 경건한 자손들을 통해서 하나님의 나라가 이루어져 갑니다. 아브라함에 허락하신 그 복을 받아 누리는 복된 가정들 되시기 바랍니다.

 **여부스**

> 창 10:16 또 여부스 족속과 아모리 족속과 기르가스 족속과

여부스 족속은 예루살렘과 그 주변에 거주하던 이들입니다. 그 뜻은 '짓밟힌', '타작마당'이라는 뜻입니다. 사단도 머리가 짓밟히는 최후를 맞이해야 함과 같이 여부스도 짓밟히는 심판의 대상입니다.

> 창 3:15 내가 너로 여자와 원수가 되게 하고 너의 후손도 여자의 후손과 원수가 되게 하리니 여자의 후손은 네 머리를 상하게 할 것이요 너는 그의 발꿈치를 상하게 할 것이니라 하시고

> 눅 10:19 내가 너희에게 뱀과 전갈을 밟으며 원수의 모든 능력을 제어할 권세를 주었으니 너희를 해할 자가 결단코 없으리라

## 타작마당

삼하 24:16 천사가 예루살렘을 향하여 그 손을 들어 멸하려 하더니 여호와께서 이 재앙 내림을 뉘우치사 백성을 멸하는 천사에게 이르시되 족하다 이제는 네 손을 거두라 하시니 때에 여호와의 사자가 여부스 사람 아라우나의 타작마당 곁에 있는지라

사무엘하 24장을 보시면, 다윗이 인구조사로 하나님 앞에 범죄한 후 회개한 '아라우나의 타작마당'이 등장합니다. 그런데 왜 이곳에서 다윗은 회개하였을까요? 또한 이곳의 본래 소유자가 바로 '여부스 사람'입니다. 후에 하나님의 성전이 세워지는 거룩한 장소, 그러나 여부스 사람의 소유로 있을 때는 심판적인 의미를 가지고 있는 타작마당이라고 할 때, 우리는 이 부분을 생각해 보아야 합니다.

본래 노아의 세 아들 중 하나인 함도 축복의 대상이었습니다. 홍수 후에 방주에서 나온 '노아와 그와 함께 한 아들들에게' 언약하시고 복을 주셨습니다(창 9:8). 그러나 타작마당에서 곡식을 털어 알곡과 쭉정이를 나누는 것과 같이 함의 자손 여부스는 심판의 대상이 되었습니다.

마 3:12 손에 키를 들고 자기의 타작마당을 정하게 하사 알곡은 모아 곡간에 들이고 쭉정이는 꺼지지 않는 불에 태우시리라

### 정복의 대상인 여부스

신 7:1 네 하나님 여호와께서 너를 인도하사 네가 가서 얻을 땅으로 들이시고 네 앞에서 여러 민족 헷 족속과 기르가스 족속과 아모리 족속과 가나안 족속과 브리스 족속과 히위 족속과 여부스 족속 곧 너보다 많고 힘이 있는 일곱 족속을 쫓아내실 때에

여부스는 반드시 멸절해야 할 가나안 7족속 중에 하나였습니다. 이들은 아브라함 때에 죄가 관영하면 그 죄의 값으로 땅에서 토해질 것을 말씀하셨습니다(창 15:16). 그러나 여호수아 시대에는 쫓아내지 못했습니다(수 15:63). 이를 히브리서에서는 '남은 안식'으로 표현합니다(히 4:8~9). 그리고 이날을 가리켜서 '오늘날'이라고 말씀합니다. 우리의 '오늘날'에는 여부스를 정복해야 합니다. 우리가 정복해야 할 여부스는 바로 '마음'입니다.

히 3:13 오직 오늘이라 일컫는 동안에 매일 피차 권면하여 너희 중에 누구든지 죄의 유혹으로 강퍅케 됨을 면하라

히 4:7 오랜 후에 다윗의 글에 다시 어느 날을 정하여 오늘날이라고 미리 이같이 일렀으되 오늘날 너희가 그의 음성을 듣거든 너희 마음을 강퍅케 말라 하였나니

우리 마음에 여부스가 남아 있어서는 안 됩니다. 하나님의 성전의 자리에 다른 것이 있어서는 하나님의 말씀이 들리지 않습니다. 들어도 듣지 못하는 '귀 없는 자'가 됩니다.

### 여부스의 타작마당에 세워진 성전

> 사 60:14 너를 괴롭게 하던 자의 자손이 몸을 굽혀 네게 나아오며 너를 멸시하던 모든 자가 네 발 아래 엎드리어 너를 일컬어 여호와의 성읍이라, 이스라엘의 거룩한 자의 시온이라 하리라

예루살렘은 이스라엘의 수도이며 성전이 있는 곳이기도 하지만, 마지막 때에 하나님께서 다스리는 하나님의 나라, 시온을 상징합니다(시 110:1~7). 이곳을 다윗이 정복하였습니다.

> 삼하 5:6~8 왕과 그 종자들이 예루살렘으로 가서 그 땅 거민 여부스 사람을 치려 하매 그 사람들이 다윗에게 말하여 가로되 네가 이리로 들어오지 못하리라 소경과 절뚝발이라도 너를 물리치리라 하니 저희 생각에는 다윗이 이리로 들어오지 못하리라 함이나 다윗이 시온 산성을 빼앗았으니 이는 다윗성이더라 그 날에 다윗이 이르기를 누구든지 여부스 사람을 치거든 수구로 올라가서 다윗의 마음에 미워하는 절뚝발이와 소경을 치라 하였으므로 속담이 되어 이르기

를 소경과 절뚝발이는 집에 들어오지 못하리라 하더라

즉, 난공불락의 성을 '배수로'를 타고 올라가서 정복했다는 의미입니다. 만일 우리 마음 중앙에 여부스가 자리하고 있습니까? 이들을 쫓아내지 못한다면 결국 심판의 대상이 될 뿐입니다. 그럼 이들을 어떻게 쫓아내고 정복할 수 있을까요? 다윗이 배수로, 물길을 따라서 올라간 것과 같이 우리도 물길을 따라 마음을 청결케 해야 합니다. 그 물길이 바로 목마르지 않는 생수를 주시는 예수님이십니다.

> 요 4:10 예수께서 대답하여 가라사대 네가 만일 하나님의 선물과 또 네게 물 좀 달라 하는 이가 누구인 줄 알았더면 네가 그에게 구하였을 것이요 그가 생수를 네게 주었으리라

이제 타작마당이 아닙니다. 평강의 왕이 되시는 예수님께서 거하시는 성전이 됩니다(사 9:6). 우리 마음에 서로를 판단하고 짓밟고, 정죄하는 심판의 장이 아니라, 서로 더불어 화평하며 화목한 평강이 자리하시기 바랍니다.

함의 후손

## 아모리, 죄의 아비

> 겔 16:3 이르기를 주 여호와께서 예루살렘에 대하여 말씀하시되 네 근본과 난 땅은 가나안이요 네 아비는 아모리 사람이요 네 어미는 헷 사람이라

> 겔 16:45 너는 그 남편과 자녀를 싫어한 어미의 딸이요 너는 그 남편과 자녀를 싫어한 형의 동생이로다 네 어미는 헷 사람이요 네 아비는 아모리 사람이며

앞서 헷 족속의 두 여인에 대해서 보았습니다. 성경에서 헷 사람이 '어미'라면, 아모리는 '아비'라고 비유하여 말씀합니다. 이처럼 아모리를 '아비'라고 표현한 것은, 가나안 7족속의 머리와 같은 역할을 했기 때문입니다. 그래서 아모리는 가나안 족속 중 한 족속이지만 가나안 전 지역을 통칭하기도 합니다.

아브라함에게 가나안 땅을 약속하시면서, 애굽에서 4대 만에 돌아오는 시기가 '아모리 족속의 죄악이 관영한 때'라고 알려 주셨습

니다(창 15:16). 또한 야곱은 가나안 땅의 일부를 아모리 족속에서 빼앗아 요셉에게 주었다고 말합니다.

> 창 48:22 내가 네게 네 형제보다 일부분을 더 주었나니 이는 내가 내 칼과 활로 아모리 족속의 손에서 빼앗은 것이니라

여기 '일부분'은 히브리어 '세겜'입니다. 야곱은 요셉에게 유언으로 이 세겜을 자신이 정복해서 준 것처럼 이야기합니다. 당시 야곱은 애굽에 들어와 살고 있을 때입니다. 이는 야곱이 믿음으로 앞으로 될 일을 보고 세겜을 요셉에게 '너의 땅'이라고 선포한 것입니다. 이 유언 그대로, 나중에 요셉의 뼈가 세겜에 장사되었습니다. 약 416년 만의 성취입니다.

> 수 24:32 이스라엘 자손이 애굽에서 이끌어 낸 요셉의 뼈를 세겜에 장사하였으니 이곳은 야곱이 세겜의 아비 하몰의 자손에게 금 일백 개를 주고 산 땅이라 그것이 요셉 자손의 기업이 되었더라

사단의 머리와 같은 아모리를 치고 가나안 땅을 점령하는 것은 하나님께서 이미 정하신 일입니다. 창세기 3:15에서 여자의 후손을 약속하시면서 '뱀의 머리를 상하게 할 것'을 믿는다면, 머리가 밟히는 자가 아니라 머리를 밟는 자가 되어야 합니다.

### 아모리의 두 왕 시혼과 옥(요단 동편)

가나안 정복 전쟁은 아모리의 두 왕 시혼과 옥과의 싸움에 이미 승리를 약속하신 전쟁입니다. 가나안 정복 전쟁의 시작을 알리는 '여리고 전투'에서 기생 라합은 여리고 전체에 소문이 퍼져 있음을 말합니다.

> 수 2:10 이는 너희가 애굽에서 나올 때에 여호와께서 너희 앞에서 홍해 물을 마르게 하신 일과 너희가 요단 저편에 있는 아모리 사람의 두 왕 시혼과 옥에게 행한 일 곧 그들을 전멸시킨 일을 우리가 들었음이라

광야 40년, 그 긴 기간은 아모리 족속을 두려워하여 애굽으로 돌아가고자 한 불신의 결과였습니다(신 1:27). 마치 열두 명의 정탐꾼들 중에 무려 열 명이 자신들을 메뚜기에 비교하면 악평하였습니다. 그렇게 40일의 정탐은 40년이 되었고, 이제 40년의 끝에서 다시 아모리 족속을 마주하게 됩니다.

> 신 2:24~25 너희는 일어나 진행하여 아르논 골짜기를 건너라 내가 헤스본 왕 아모리 사람 시혼과 그 땅을 네 손에 붙였은즉 비로소 더불어 싸워서 그 땅을 얻으라 오늘부터 내가 천하 만민으로 너를 무

서워하며 너를 두려워하게 하리니 그들이 네 명성을 듣고 떨며 너로 인하여 근심하리라 하셨느니라

하나님의 편에 선 자가 두려워해야 할 이유가 없습니다. 오히려 사단의 머리가 두려움으로 쉼 없이 떨립니다. 죄가 있는 자들은 머리를 가리고 도망칠 수밖에 없습니다(렘 2:37). 이처럼 과거의 두려움인 아모리 족속, 가나안의 머리와 같은 시혼과 옥을 치심으로 가나안 전쟁의 승리를 확증하셨습니다.

민 21:26 헤스본은 아모리인의 왕 시혼의 도성이라 시혼이 모압 전 왕을 치고 그 모든 땅을 아르논까지 그 손에서 탈취하였었더라

민 21:35 이에 그와 그 아들들과 그 백성을 다 쳐서 한 사람도 남기지 아니하고 그 땅을 점령하였더라

이는 전적인 하나님의 역사입니다. 왕벌을 보내사 아모리 두 왕을 쫓아내시고(수 24:12) 남은 자까지 완전히 멸하셨습니다.

신 7:20 네 하나님 여호와께서 또 왕벌을 그들 중에 보내어 그들의 남은 자와 너를 피하여 숨은 자를 멸하시리니

이처럼 사단이 우리의 삶에 주도권을 잡지 못하도록, 완전히 멸해야 합니다. 우는 사자와 같이 틈을 찾는 사단이 머리를 들이밀지 못하도록, 혹 머리를 들이밀면 믿음으로 밟아 멸하시기 바랍니다.

### 아모리의 다섯 왕(요단 서편 - 5개 연합국)

> 수 10:5 이러므로 아모리 다섯 왕 곧 예루살렘 왕과 헤브론 왕과 야르뭇 왕과 라기스 왕과 에글론 왕이 함께 모여 자기들의 모든 군대를 거느리고 올라와서 기브온에 대진하고 싸우니라

아모리의 다섯 왕은 가나안 남부 연합군입니다. 여리고가 무너진 후 가나안 전체가 연합하여 이스라엘과 싸우기로 결의하였습니다.

> 수 9:1~2 요단 서편 산지와 평지와 레바논 앞 대해변에 있는 헷 사람과 아모리 사람과 가나안 사람과 브리스 사람과 히위 사람과 여부스 사람의 모든 왕이 이 일을 듣고 모여서 일심으로 여호수아와 이스라엘로 더불어 싸우려 하더라

이 전투가 '기브온 전투'입니다. 기브온은 히위 족속입니다. 성경은 이들 또한 아모리 족속이라고 말합니다(삼하 21:2). 이러한 기브온 사람들이 연합군의 공격을 받고 여호수아에게 도움을 요청합

니다. 그리고 여호수아는 기꺼이 이들을 위해서 전쟁에 참전했습니다. 어떻게 된 일일까요?

이 사건의 배경은 이스라엘 백성들이 여리고 성을 무너트렸을 때로 거슬러 올라갑니다. 가나안 땅에는 이미 전쟁의 소식이 전해졌습니다. 애굽에서 나와 40년간 광야에서 생활하던 유민들이 가나안 땅을 향해서 온다는 소식입니다. 그들은 요단강 건너편의 왕들을 이기고 낙공불락(難攻不落) 여리고 성은 소리 질러서 무너트린 무서운 민족이었습니다. 대부분의 가나안 족속들은 호전적이기 때문에 전쟁을 불사했습니다. 그러나 다른 선택을 한 민족도 있었으니, 바로 기브온 사람들입니다. 그들은 몇 사람들을 이스라엘 사람들에게 보냅니다. 오랜 여정으로 겨우 여호수아 앞에 도착한 것처럼 자신들을 꾸몄습니다. 오래된 음식, 먼지에 덮인 옷 등을 준비합니다. 살기 위해서 그들은 불평등한 조약을 감수하였습니다. 이것이 여호수아 9장 전반에 걸친 내용입니다. 한 마디로, 사기였습니다.

그들은 먼 곳에서 온 것이 아니라 바로 옆에, 여리고와 아이성을 점령하고 이제 가나안 땅을 본격적으로 점령하려는 시기에, 바로 앞에 있던 가나안 족속 중 하나인 히위였습니다. 기브온의 위치는 예루살렘을 기준으로 하면 북서쪽으로 약 9km 정도 떨어진 낮은 산지로 둘러싸인 곳입니다. 여호수아는 속았습니다. 그러나 이미 언약은 체결되었고, 기브온은 이제 자신들이 보호해야 민족이 되었습니다.

그런 가운데 아모리 다섯 연합군이 움직입니다. 이스라엘 백성들의 가나안 진입으로 촉각을 세우고 있던 주변국들은 기브온이 이스라엘 편에 서자 그들을 먼저 치기로 결의합니다. 그리하여 중남부의 아모리 족속들이 모여 히위족인 기브온을 공격하였고, 기브온은 이 사실을 가지고 여호수아에게 도움을 요청합니다.

속히 우리에게 올라와서 우리를 구원하소서

편의적으로 생각하면, '이것이 하나님의 역사구나. 우리 손을 들어 치지 않고 남의 손을 들어 치게 하시는 차도살인지계(借刀殺人之計)구나' 할지 모르겠습니다. 그러나 여호수아는 지체하지 않습니다.

수 10:7 여호수아가 모든 군사와 용사로 더불어 길갈에서 올라가니라

수 10:9 여호수아가 길갈에서 밤새도록 올라가서 그들에게 갑자기 이르니

여호수아는 바로 모든 군사와 용사를 이끌고 올라갑니다. 길갈

에서 밤새도록 올라갔다고 기록하고 있습니다. 사실 남의 일입니다. 그리고 언약을 맺은 것도 상대방이 먼저 자신을 속이고 맺은 것입니다. 어떻게 보면 가나안 족속 간에 전쟁으로 세를 줄일 수 있는 기회였습니다. 조금 늦게 참전하여서 어부지리(漁夫之利)를 노릴 수도 있었습니다. 그러나 여호수아는 지체하지 않았습니다. 자신의 일처럼 열심을 내는 모습을 보여줍니다. 이는 이웃의 일을 나의 일처럼 여기는 오늘날의 성도의 모범입니다.

우리는 하나님의 먼저 사랑을 입었습니다. 그러므로 이웃을 도울 수 있는 기회를 놓쳐서는 안 됩니다. 또한 도울 때는 자신의 일과 같이 열과 성을 다해야 합니다. 그래서 예수님은 말씀하십니다.

> 마 7:12 그러므로 무엇이든지 남에게 대접을 받고자 하는 대로 너희도 남을 대접하라 이것이 율법이요 선지자니라

우리가 이러한 마음으로 선을 행할 때 하나님은 꼭 그 받은 사람만 아니라 다른 사람을 통해서라도 반드시 갚아 주십니다. 이렇게 여호수아가 최선을 다해 수고했을 때, 하나님께서 특별한 도움으로 함께하셨습니다. 즉 우리가 남을 도울 때, 하나님도 우리를 도우십니다.

> 수 10:8 때에 여호와께서 여호수아에게 이르시되 그들을 두려워

말라 내가 그들을 네 손에 붙였으니 그들의 한 사람도 너를 당할 자 없으리라 하신지라

수 10:11 그들이 이스라엘 앞에서 도망하여 벧호론의 비탈에서 내려갈 때에 여호와께서 하늘에서 큰 덩이 우박을 아세가에 이르기까지 내리우시매 그들이 죽었으니 이스라엘 자손의 칼에 죽은 자보다 우박에 죽은 자가 더욱 많았더라

우박을 통해서 죽은 자가 더 많다는 부분에서, '한 사람도 너를 당할 자가 없게 하겠다'고 하신 말씀을 이루시고자 하나님께서 얼마나 열심을 내셨는가 알 수 있습니다.

당시 정황을 살펴볼 때 기브온 거민과 여호수아는 아모리 족속의 동맹군이 그렇게 갑자기 쳐들어 올 것이라고는 예상하지 못했습니다. 그들의 공격을 예상했다면 기브온이 이스라엘과 언약을 맺을 때 아모리 족속에 대한 대비책도 함께 이야기했어야 합니다. 그리고 여호수아도 밤새워 급하게 올라가지 않았을 것입니다.

기브온의 긴급한 요청에 제대로 준비도 하지 않고 전쟁을 치른다는 것은 너무나 무모한 행동입니다. 익숙하지도 않은 지형입니다. 상대방에 대해서 잘 알지도 못합니다. 필승의 전략이 적을 알고 나를 아는 것에서 시작된다면, 지금 여호수아는 필패입니다.

여호수아는 아모리 족속에 대해서 제대로 아는 것이 없습니다.

그러니 기브온 족속에게 속아서 언약을 맺은 것 아닙니까? 반면 아모리 동맹군은 기브온도 이스라엘도 또한 그들이 언약을 맺은 사실도 다 알고 있는 가운데 전쟁을 일으켰습니다. 그들은 이미 만반의 준비를 마친 상태였습니다. 이기기 힘든 것이 아니라 이길 수 없는 전쟁입니다.

마치 1950년 한국전쟁이 발발하였을 때를 연상케 합니다. 단지 삼 일 만에 서울이 점령되었습니다. 근현대사 시리즈 4권 『잊을 수 없는 6.25 전쟁』(박윤식)을 보면, 북한은 1948년 2월부터 약 28개월간 전쟁을 준비하였던 반면, 남한은 전쟁에 당일에 전면 휴가와 휴일을 즐기는 일락에 빠져 있었습니다. 당시 남침 첩보가 무려 417회나 있었지만, '진짜 전쟁을 일으키겠어?'라는 안일함이 한순간에 수도를 내어 준 최악의 전쟁이 된 것입니다. 당시 북한은 남한의 두 배의 병력에 전투기, 탱크 등의 최신식 무기로 무장하였지만, 남한은 연습기 22대가 고작이었고 탱크는 한 대도 보유하지 못했습니다. 또한 실탄도 제대로 지급되지 않아 말 그대로 온몸으로 적을 맞아 싸웠던 것입니다. 이런 나라에 유엔군이 참전한 것은 실로 하나님의 강력한 섭리였습니다.

마찬가지로 지금 기브온은 절망 가운데 놓여 있습니다. 여호수아가 급히 왔으나 만반의 준비를 한 아모리 연합군은 약한 상대가 아닙니다. 그러나 하나님은 더 강하십니다. 우박으로 치시고, 심지어 여호수아의 기도에 태양이 머물고 달이 그쳤습니다.

수 10:12~13 여호와께서 아모리 사람을 이스라엘 자손에게 붙이시던 날에 여호수아가 여호와께 고하되 이스라엘 목전에서 가로되 태양아 너는 기브온 위에 머무르라 달아 너도 아얄론 골짜기에 그리 할지어다 하매 태양이 머물고 달이 그치기를 백성이 그 대적에게 원수를 갚도록 하였느니라 야살의 책에 기록되기를 태양이 중천에 머물러서 거의 종일토록 속히 내려가지 아니하였다 하지 아니하였느냐

아모리 연합군을 이긴 비결은 여호수아의 기도였습니다. 지구의 자전 속도가 약 1,600km라고 합니다. 태양이 중천에 머물러서 거의 종일토록 속히 내려가지 아니하였다고 하였는데, 이는 지구가 갑자기 완전히 멈춘 것이 아니라 서서히 속도를 줄였다고 볼 수 있습니다. 그리고 지구나 태양뿐 아니라 온 우주가 멈춘 것입니다.

여하튼 여호수아가 아모리를 완전히 진멸할 수 있도록 태양과 달이 멈추었습니다. 이것은 여호수아의 능력이 아니라, 여호수아의 기도였습니다.

수 10:14 여호와께서 사람의 목소리를 들으신 이 같은 날은 전에도 없었고 후에도 없었나니 이는 여호와께서 이스라엘을 위하여 싸우셨음이니라

하나님의 뜻에 합당한 우리의 기도가 지구를 움직입니다. 우주를 움직입니다. 이는 결과적으로 시간을 움직였다는 것입니다. 즉 믿음의 기도는 때를 앞당기기도 하며 늦추기도 하는 것입니다. 간절한 믿음의 기도를 드리는 그 시간, 온 우주 만물이 그 기도를 이루기 위하여 지금 움직입니다.

## 기르가스, 진흙땅 인생

창 10:15~16 가나안은 장자 시돈과 헷을 낳고 또 여부스 족속과 아모리 족속과 기르가스 족속과

구속사 시리즈 8권 『횃불 언약의 성취』에서는 기르가스의 거주 지역을 갈릴리 바다 부근으로 추정합니다. 기르가스의 뜻은 '진흙 땅에 사는'입니다. 이에 대해서 다소 부정적으로 보는 이유는 일단 창세기에서 노아가 가나안에 대해 저주하였고, 모세오경이라는 신학적인 관점에서 볼 때도, 모세는 가나안 땅을 정복해야 할 사명이 있었습니다. 그러므로 '기르가스'의 의미는 '죄'와 관련하여 부정적인 의미의 '땅'입니다.

### 쉽게 무너지는 땅

기르가스의 땅은 겉으로 볼 때 강하고 견고합니다. 가나안 7족속이 이러했습니다. 그들은 강대한 민족이고, 전의를 상실하게 만들

었습니다(민 13:33). 그러나 그들의 견고한 성은 너무나 쉽게 무너져 내렸습니다. 그 증거가 '여리고 성'입니다. 아무리 견고한 성도 기초가 부실하면 단숨에 무너질 수밖에 없습니다. 여리고 성에는 '기르가스 족속'이 함께하고 있었습니다.

> 수 24:11 너희가 요단을 건너 여리고에 이른즉 여리고 사람과 아모리 사람과 브리스 사람과 가나안 사람과 헷 사람과 기르가스 사람과 히위 사람과 여부스 사람들이 너희와 싸우기로 내가 그들을 너희의 손에 붙였으며

겉으로 볼 때는 견고한 땅 위에 세운 요새와 같은 성이었지만, 영적으로 볼 때, 쉽게 무너지는 진흙땅 위에 세운 허사(虛事)였습니다(시 2:1).

우리의 행사는 견고한 반석 위에 지은 집과 같아야 합니다. 예수님은 '말씀을 듣고 행하는 자'가 반석 위에 집을 지은 지혜로운 사람이라고 교훈합니다(마 7:24). 말씀을 지키고 행할 때마다 우리의 땅의 굳어지고 견고하여집니다. 그 어떤 상황에서도 흔들리지 않음으로 헛된 일이 없습니다.

> 고전 15:58 그러므로 내 사랑하는 형제들아 견고하며 흔들리지 말며 항상 주의 일에 더욱 힘쓰는 자들이 되라 이는 너희 수고가 주

안에서 헛되지 않은 줄을 앎이니라

## 더러운 땅

가나안 정복 전쟁에서 이스라엘 백성들은 결국 가나안 족속들을 전부 쫓아내지 못했습니다. 하나님께서 친히 싸우시고 승리케 하셨지만 어느 순간부터 가나안 족속을 내쫓지 않았습니다. 이스라엘은 가나안 족속을 멸하기보다는 남겨서 부리는 것이 더 이익이라는 것을 깨달았습니다. 이것이 사사기의 시작입니다.

> 삿 1:28 이스라엘이 강성한 후에야 가나안 사람에게 사역을 시켰고 다 쫓아내지 아니하였더라

여호수아는 이러한 현상을 보고 경고하였습니다. "정녕히 알라 너희 하나님 여호와께서 이 민족들을 너희 목전에서 다시는 쫓아내지 아니하시리니 그들이 너희에게 올무가 되며 덫이 되며 너희 옆구리에 채찍이 되며 너희 눈에 가시가 되어서 너희가 필경은 너희 하나님 여호와께서 너희에게 주신 이 아름다운 땅에서 멸절하리라"(수 23:13). 이러한 경고에도 불구하고, 자기 소견에 옳은 대로 행하는 사사기를 맞이한 것입니다(삿 21:25). 땅은 더러워지고 그 더러운 곳에는 악한 귀신이 모입니다.

기르가스의 경우 추정이지만 그 의미적으로 연결된 거민이 '거라사인'입니다. 거라사인의 땅은 갈릴리 맞은편으로, 길릴리 주변은 과거 가르가스 족속이 거하였던 장소이기도 합니다. 그리고 이곳에서 예수님께서 만난 사람이, "더러운 귀신 들린 사람"이었습니다.

> 막 5:1~2 예수께서 바다 건너편 거라사인의 지방에 이르러 배에서 나오시매 곧 더러운 귀신 들린 사람이 무덤 사이에서 나와 예수를 만나다

더러운 귀신에 사로잡히면 수치를 부끄러워하지 않습니다. 누가복음 8:27에서 귀신 들린 자에 대해서 오래 옷을 입지 아니하였다고 특징합니다. 이는 죄가 없음으로 부끄러움이 없는 신령한 상태가 아니라, 죄가 있는 가운데 벌거벗음에도 부끄러워하지 않는 화인(火印)의 상태입니다.

> 딤전 4:1~2 그러나 성령이 밝히 말씀하시기를 후일에 어떤 사람들이 믿음에서 떠나 미혹케 하는 영과 귀신의 가르침을 좇으리라 하셨으니 자기 양심이 화인 맞아서 외식함으로 거짓말하는 자들이라

또한 더러운 귀신은 매우 사납습니다.

> 마 8:28 또 예수께서 건너편 가다라 지방에 가시매 귀신 들린 자 둘이 무덤 사이에서 나와 예수를 만나니 저희는 심히 사나와 아무도 그 길로 지나갈 수 없을 만하더라

사나운 귀신은 길을 막습니다. 다른 사람이 잘되는 꼴을 못 보는 사람이 있습니다. 선의 경쟁을 하는 것이 아니라 남을 흠집 내고 끌어내립니다. 남을 끌어내리는 만큼 자신이 올라가는 것 같으나 이는 같이 망하는 길입니다. 한 마디로 진흙탕 싸움이 됩니다. 진흙탕에서 나오시기 바랍니다.

> 사 57:20 오직 악인은 능히 안정치 못하고 그 물이 진흙과 더러운 것을 늘 솟쳐내는 요동하는 바다와 같으니라

결국 더러운 귀신은 예수님께서 내어 쫓으셨습니다(마 8:32). 그런데 가다라 지방 사람들은 오히려 예수님을 내어 쫓았습니다(마 8:34). 예수님께서 더러운 귀신을 쫓아내실 때 자신들의 돼지들이 희생되었기 때문입니다. 그럼 왜 예수님은 귀신이 돼지들을 상하게 하는 것을 허락하셨을까요? 이를 통해서 가다라 지방 사람들의 더러운 마음, 사나운 마음이 드러나게 하셨습니다. 예수님은 돼지를 좋은 것을 받고도 깨닫지 못하고 밟아 더럽게 만드는 어리석은 동물로 비유하셨습니다(마 7:6).

가다라 지방 사람들이 그러합니다. 그들 눈에 보이는 더러운 귀신은 떠났지만, 여전히 그들의 마음에는 예수님보다 돼지(재물)를 더 귀하게 여기는 마음이 그대로 있습니다. 우리의 마음은 어떠합니까? 더러운 귀신은 없습니까?

### 기르가스의 변화, 질그릇

> 렘 18:6 나 여호와가 이르노라 이스라엘 족속아 이 토기장이의 하는 것 같이 내가 능히 너희에게 행하지 못하겠느냐 이스라엘 족속아 진흙이 토기장이의 손에 있음 같이 너희가 내 손에 있느니라

더러운 진흙도 토기장이이신 하나님의 손에서는 깨끗한 그릇이 될 수 있습니다(고후 4:5~10). 질그릇은 그릇 중에서도 흙으로 만들어졌습니다. 깨어지기 쉽고, 가장 볼품없는 그릇 중의 하나입니다. 바로 연약한 우리와 같습니다.

그리고 하나님께서는 질그릇에 보배를 담으셨습니다(고후 4:7). 보배가 담긴 질그릇은 더 이상 더러운 그릇이 아닙니다. '보배함'입니다. 생명을 담은 보배함입니다.

> 고후 4:10 우리가 항상 예수 죽인 것을 몸에 짊어짐은 예수의 생명도 우리 몸에 나타나게 하려 함이라

함의 후손

 히위

**창 10:17 히위 족속과 알가 족속과 신 족속과**

성경에서 히위 족속이 하나님의 선민과 연결된 두 가지 사건을 함께 살펴보고자 합니다. 히위 족속은 독특하게 '이스라엘'과 연합하고자 했습니다. 하나는 성공하였고, 다른 하나는 실패하였습니다. 먼저 실패한 히위 족속의 이야기는 하몰의 아들 세겜입니다.

그는 야곱의 딸 '디나'를 강제로 취한 성범죄자입니다(창 34:2). 이 사건에서 세겜은 디나에게 '일방적으로 집착'하는 모습을 보여줍니다. 창세기 34:3, 8에서 '연련하다'는 단어는 히브리어로 '다바크'로, 딱 붙어 있다는 의미입니다. 디나의 마음과 상관없는 집착을 보였고 막무가내로 행동했습니다. 그러하기에 세겜의 다바크에는 잘못에 대한 후회가 없습니다. 자신의 행동을 정당화합니다.

그의 아버지 하몰에게 디나와 결혼하는 문제를 의논할 때도 명령식입니다. 고대 근동에서 결혼의 문제는 가장의 권한에 있습니다. 그러므로 세겜은 하몰에게 정중히 부탁해야 함이 옳습니다. 그러나 디나에게 집착한 세겜은 자신의 아버지에게까지 명령형으로 말합니다.

이 소녀를 내 아내로 얻게 하여 주소서

마음이 앞서서 잘못된 행동을 할 때가 있습니다. 그때 돌이켜 생각하고 바로 잡아야 합니다. 잠언 19:2에서는 "발이 급한 사람은 그릇하느니라"고 경고합니다. 성급한 발걸음에는 실수하고 넘어지는 일이 잦습니다.
세겜의 성급함은 디나를 위해서 어떠한 희생도 감수하겠다는 극단적인 제안을 합니다.

창 34:11 세겜도 디나의 아비와 남형들에게 이르되 나로 너희에게 은혜를 입게 하라 너희가 내게 청구하는 것은 내가 수응하리니

겉으로 보면 세겜이 정말 디나를 사랑하고 많은 대가를 치르고서라도 함께하고 싶어 하는 것으로 여겨질지 모릅니다. 그러나 이것은 사랑이 아니라 집착입니다. 세겜과 하몰, 야곱의 아들들 사이에서 오고가는 대화 중에 디나는 없습니다. 마치 마음이 드는 물건을 사기 위해 비싸도 상관없다는 식의 요청입니다. 정말 디나를 사랑하고 생각했다면, 강간하는 것이 아니라 청혼했어야 합니다. 그

러나 먼저 강간하고 나서 아무 죄의식 없이 돈만 주면 된다는 식의 태도는 물질주의의 전형적인 모습입니다.

결국 이들은 야곱의 두 아들 레위와 시므온의 계략에 빠져 진멸당하고 말았습니다. 레위와 시므온도 살인자가 되어 저주를 받게 됩니다. 잘못된 집착으로 세겜이 속한 히위 족속은 전체가 죽임을 당했습니다.

> 창 34:25~27 제 삼일에 미쳐 그들이 고통할 때에 야곱의 두 아들 디나의 오라비 시므온과 레위가 각기 칼을 가지고 가서 부지중에 성을 엄습하여 그 모든 남자를 죽이고 칼로 하몰과 그 아들 세겜을 죽이고 디나를 세겜의 집에서 데려오고 야곱의 여러 아들이 그 시체 있는 성으로 가서 노략하였으니 이는 그들이 그 누이를 더럽힌 연고라

### 이스라엘과 화친한 히위 족속 기브온

> 수 11:19 기브온 거민 히위 사람 외에는 이스라엘 자손과 화친한 성읍이 하나도 없고 다 이스라엘 자손에게 쳐서 취한바 되었으니

기브온은 '아모리' 부분에서도 다루었습니다. 아모리는 가나안 족속 전체를 지칭하기에 넓은 의미에서 기브온을 살펴보았다면,

여기서는 히위 족속으로써 이스라엘과 연합하고자 하는 부분에서 나타난 특징을 짚어 보고자 합니다.

하몰의 아들 세겜은 '집착'으로 먼저 범죄하고, 이것을 만회하고자 어떤 조건도 마다하지 않겠다고 했습니다. 여기에는 어떤 종류의 회개나 뉘우침도 없습니다. 기브온이 여호수아와 언약을 맺고 이스라엘 속으로 들어간 방식도 사실 정당하지 않습니다. 그들은 가나안 땅에 속하지 않은 족속인 것처럼 여호수아를 속였습니다. 거짓은 어떠한 경우에도 하나님의 속성이 아닙니다(히 6:18). 속이는 것은 사단의 방법입니다(요 8:44).

그런데 당시 기브온의 경우 이미 하나님께서 심판하시기로 작정된 가나안 족속이었습니다. 그들은 아직 하나님께 속한 백성들이 아니었습니다.

놀라운 것은 이러한 거짓된 방법일지라도 하나님께서 기브온을 받아 주셨다는 점입니다. 그런데 의외로 오늘날 교회에도 신령한 기브온이 많이 있습니다.

주일에 예배를 반대하는 가정에서 교회에 나오기 위해서 시장 본다고 하고 나오시는 분이 있을 수 있습니다. 친구를 만난다고 하고 나올 수도 있습니다. 그럼 그분들은 거짓으로 예배에 참석했으니 그분들의 예배를 하나님이 받지 않으실까요? 저는 오히려 긍휼히 여기시고 은혜를 더하실 것 같습니다.

기브온의 거짓말은 상대방에게 피해를 주고 자신의 이득을 위한 그러한 거짓말이 아니라 생존의 문제였습니다. 또한 하나님께 속하고자 하는 상황 속에서 모든 길이 막혀 있는 현실 속에서 몸부림친 결과였습니다. 그렇다고 거짓말을 미화하거나 인정하는 것은 아닙니다. 그러나 그 사정을 헤아릴 수 있는 긍휼이 있었으면 합니다.

누가복음 16:1~9에서 예수님의 비유 가운데 등장하는 불의한 청지기를 기억하십니까?

그는 주인의 소유를 허비한 악한 종이었습니다. 그의 불의는 드러났고, 이제 쫓겨나게 생겼습니다. 불의한 청지기는 가만히 생각합니다. 그대로 있으면 정말 큰일입니다. 이제 생존의 문제입니다. 불의한 청지가가 꾀를 냅니다. 주인에게 빚진 자들을 불러서 임의로 그 빚을 탕감하고 증서를 써 주어서 주인이 아니라 자신에게 빚진 자로 만들었습니다. 이 또한 불의한 일이었습니다. 그런데 주인의 생각은 다릅니다. 그를 칭찬하였습니다.

> 눅 16:8 주인이 이 옳지 않은 청지기가 일을 지혜 있게 하였으므로 칭찬하였으니 이 세대의 아들들이 자기 시대에 있어서는 빛의 아들들보다 더 지혜로움이니라

기브온 족속들의 상황도 마찬가지입니다.

가나안 정복 전쟁은 이스라엘 백성들에게는 상급이지만 가나안

족속들에게는 종말입니다. 사형선고와 같습니다. 이제 삼 일 후면 무서운 하나님을 섬기는 이스라엘 백성들이 여리고를 무너트리고 아이성을 불사른 것처럼 자신들의 땅을 짓밟을 것입니다(수 9:16).

임박한 종말을 보고 있습니다. 그들은 지혜를 모았습니다. 그리고 나온 결론이 먼 곳에서 온 것처럼 속이는 것입니다. 거짓말로 평화를 약속 받았습니다. 이것은 불의한 일입니다. 그러나 그들은 살았습니다. 하나님과 언약을 맺었습니다. 하나님께서 기브온과의 화친 언약을 인정하셨습니다. 기브온을 용납하셨습니다.

> 삼하 21:1~2 다윗의 시대에 연부년 삼년 기근이 있으므로 다윗이 여호와 앞에 간구하매 여호와께서 가라사대 이는 사울과 피를 흘린 그 집을 인함이니 저가 기브온 사람을 죽였음이니라 하시니라 기브온 사람은 이스라엘 족속이 아니요 아모리 사람 중에서 남은 자라 이스라엘 족속들이 전에 저희에게 맹세하였거늘 사울이 이스라엘과 유다 족속을 위하여 열심이 있으므로 저희 죽이기를 꾀하였더라 이에 왕이 기브온 사람을 불러 물으니라

세겜과 기브온의 차이는 무엇입니까? 공통점은 분명합니다. 둘 다 불의하였습니다. 그러나 기브온 족속은 철저하게 낮은 자세로 임한 반면, 세겜은 고압적이며 교만함으로 다가왔습니다. 하나님은 교만한 자를 물리치시고, 겸손한 자에게는 은혜를 주십니다(약

4:6). 기브온의 겸손은 이후 역사를 통해서 증명됩니다.

## 느디님이 된 기브온

> 대상 9:2 먼저 그 본성으로 돌아와서 그 기업에 거한 자는 이스라엘 제사장들과 레위 사람과 느디님 사람들이라

느디님 사람에 대해서 원어적으로는 '주어진 자'입니다. 공동번역에서는 '성전 막일꾼'으로 번역하고 있습니다. 무엇이든지 시키는 대로 순종하고 일하는 사람들이 바로 느디님 사람들입니다. 느디님 사람들에 대해서는 에스라와 느헤미야에 집중되어 등장합니다. 그렇다면 느디님 사람들은 어떠한 사람들이기에, 포로 귀환 이후에 자주 등장하게 되었을까요?

역대상 족보의 마지막인 9장 족보에는 세 분류의 사람들을 소개합니다.

첫째는 '느디님 사람들'이고

둘째는 '레위인들'이며

셋째는 '제사장들'입니다.

역대하 9:2에서 말씀하고 있는데, 공동번역에서는 "바빌론에 사로잡혀 갔다가 처음으로 자기네 성읍(마을), 옛 터전에 돌아와 발을 붙인 사람은 이스라엘의 일반민 일부와 사제들과 레위인들과 성전

막일꾼들이었다"고 번역합니다. 이들은 모두 하나님의 성전에 관련된 일을 하는 이들이지만 조금씩 그 차이를 가지고 있습니다.

느디님 사람들은 가장 먼저 본성에 돌아온 무리에 속해 있습니다. 제사장과 레위인은 그 단어가 익숙하지만 느디님 사람들은 생소할 것입니다. 이들의 이야기는 에스라가 바벨론 포로지에서 귀환할 때입니다. 행군을 전면 중지하고 아하와(바벨론의 성읍, 또한 강의 이름)로 흐르는 강가에 귀환하는 백성을 모으고 거기서 3일 동안 장막에 유하면서 백성과 제사장들을 살펴보았습니다. 그런데 레위인이 하나도 없었습니다(스 8:15).

에스라는 레위인이 없었기에 먼저 레위인을 찾았습니다. 그러나 그의 부름에 적극적으로 합류한 사람들은 느디님이었습니다. 에스라 8:20에서 "또 느디님 사람 곧 다윗과 방백들이 주어 레위 사람에게 수종 들게 한 그 느디님 사람 중 이백이십 명을 데려왔으니 그 이름이 다 기록되었느니라"라고 기록하고 있습니다. 레위인은 불과 38명과 가계별 대표 3명(세레뱌, 하사뱌, 여사야)이었지만, 느디님 사람들은 220명이나 되었습니다.

하나님의 일을 하는 자리를 사모하시기 바랍니다. 에스라가 부를 때 "하나님의 전을 위하여 수종 들 자들 데리고 오라"(스 8:17)고 하였습니다. 일하는 자리에 자처한다는 것, 은혜가 아니면 쉽지 않은 일입니다. 그러나 느디님 사람들은 이때뿐 아니라 1차 바벨로 포로 귀환 때에도 귀환하여 '물 긷는 일'에 헌신했습니다(스 2:58;

느 3:26).

막일꾼의 고되고 힘든 일을 좋아할 사람이 얼마나 되겠습니까? 사람들이 인정하기보다는 무시하고 함부로 대하기 쉬운 위치입니다. 심지어 죽지 않기 위해서 억지로 해야 하는 일이라고 할 때 누구나 그 자리에서 벗어나고 싶을 것입니다.

느디님의 기원은 기브온 족속입니다. 거짓말의 대가로 시작된 일입니다. "대대로 여호와의 제단에서 나무 패며 물 긷는 자들이 되라"(수 9:21). 그러나 이제 이스라엘이 망하였으니 느디님 사람들도 자신의 신분은 바꿀 수 있는 기회를 얻었습니다. 바벨론에서 새롭게 살아가면 됩니다. 그럼에도 그들은 성전 건축의 위대한 사명 앞에 순종했습니다. 그리고 하나님께서는 이러한 느디님 사람들의 이름을 역대기 9장 족보에서 가장 먼저 등장하게 하셨습니다.

### 큰 믿음을 가진 느디님

어느 날 제자들이 예수님께 '믿음을 더하소서'라는 말씀을 드렸을 때, 예수님은 종의 비유로 답하셨습니다. 누가복음 17:5~10의 말씀입니다. 종은 아침부터 저녁까지 일하고 저녁에 돌아와서 주인의 식사를 차려 주었지만 주인은 종에서 와서 앉아서 같이 식사하자고 말하지도 않고 수고했다고 고맙다고 말하지도 않았습니다. 그러나 종은 결코 주인에게 불평도 불만도 없이 '무익한 종이 다만 할 일을 했을 뿐입니다'라고 말합니다. 예수님은 이것이 진정한 믿음이라고 교훈하십니다.

이것이 느디님 사람들의 믿음입니다. '하나님, 구원받은 것만 해도 감지덕지지요. 더 이상 무슨 요행을 바라겠습니까. 성전에서 허드렛일을 하는 것만도 너무나 감사합니다.' 섬기는 그들이 진정 큰 자입니다.

> 마 20:26 너희 중에는 그렇지 아니하니 너희 중에 누구든지 크고자 하는 자는 너희를 섬기는 자가 되고

> 눅 22:27 앉아서 먹는 자가 크냐 섬기는 자가 크냐 앉아 먹는 자가 아니냐 그러나 나는 섬기는 자로 너희 중에 있노라

느디님, 그 뜻이 "주어진 자"입니다. 일하도록 주어진 자, 세상에서는 막일꾼에 불과합니다. 그러나 하나님께서 인정하시는 일꾼입니다. 믿음을 가진 큰 자입니다. 그래서 먼저 그 이름이 기록된 자들입니다. 우리에게 주어진 자리에서, 충성하심으로 하나님께서 인정하시고 그 이름이 먼저 생명책이 기록되는 축복이 있기를 간절히 소망합니다.

## 알가, 신, 아르왓, 스말 - 흔적만 남은 가나안 자손들

> 창 10:17~18 히위 족속과 알가 족속과 신 족속과 아르왓 족속과 스말 족속과 하맛 족속의 조상을 낳았더니 이 후로 가나안 자손의 족속이 흩어져 처하였더라

함의 자손들에 대해서는 구속사 시리즈 8권 『횃불 언약의 성취』에서 간략하게 소개하고 있습니다. 성경에서는 '창세기 10장과 역대상 1장'에서 그 이름만 언급됩니다. 다른 기록이나 활동을 전혀 알 수 없는 인물, 혹은 족속들이 '알가, 신, 아르왓, 스말'입니다. 그래서 '흔적만 남은 가나안 자손들'입니다. 사실 마지막 인물인 '하맛'도 여기에 포함되어야 하지만 '영토의 경계'라는 의미가 있기에 따로 살펴보도록 하겠습니다.

휘선 박윤식 목사님의 구속사 시리즈는 성경에 이름만 있는 인물들, 혹은 생략되기까지 한 인물들을 구속사적인 관점에서 조명하여 풍성한 은혜로 이끌어 내는 영적인 감동을 선사합니다. 구속

사 시리즈 2권 『잊어버렸던 만남』의 저자 서문에는 하루에 두 시간 이상 기도와 세 시간 이상 성경 읽기를 하루도 빠짐없이 이어 온 말씀 일생의 고백이 담겨 있습니다. 우리도 성경을 읽고 기도하고, 깊이 연구해야 합니다. 흔적을 찾고 찾아 실체에 도달하시기 바랍니다.

　가나안의 장자, 시돈은 베니게(페니키아)의 대표적인 도시 이름이 되었습니다. 마찬가지로 성경에서 이름으로 전해지는 도시들이 바로 '알가, 아르왓, 스말'입니다. 베니게는 도시들의 연합체입니다. 블레셋도 해안가 도시들이 연합된 국가입니다. 그래서 언약궤가 이동할 때에도 '아스돗, 가사, 아스글론, 가드, 에그론' 등으로 옮겨졌을 때 독종이 발하고 감당할 수 없게 되자 이스라엘 지경으로 돌려보냅니다(삼상 6:17).
　베니게도 마찬가지였습니다. 그런데 시돈과 달리 '알가, 아르왓, 스말' 등은 그 행적을 찾아보기 힘듭니다. 단지 이름만 전해집니다.

### 알가 '송곳니, 도망자'

　이름의 뜻을 합하여 생각하면 "찌르고 도망한 자"입니다. 송곳니는 언제 필요할까요? 주로 고기를 먹을 때입니다. 이는 '탐욕'을 상징합니다.

민 11:4 이스라엘 중에 섞여 사는 무리가 탐욕을 품으매 이스라엘 자손도 다시 울며 가로되 누가 우리에게 고기를 주어 먹게 할꼬

탐욕을 품은 이들은 섞여 사는 무리이고, 이들의 위치는 언제든지 도망갈 수 있는 진 끝이었습니다. 진 끝에 있는 자들입니다. 뒤에서 원망하고 이익에는 달려드는 사람들이 있습니다. 이들이 바로 '알가'와 같이 찌르고 도망한 자들입니다.

하나님께서는 그들의 탐욕이 그들의 잇사이에 있을 때 심판하셨습니다(민 11:33~34). 탐욕을 부려 고기를 얻었지만 제대로 누리지 못하게 하셨습니다. 탐욕을 부리는 자들은 '저주의 자식'(벧후 2:14)입니다. 이들의 끝은 결국 불심판입니다(민 11:1).

진 끝이 아니라 앞에 서는 자가 되어야 합니다. 주의 이름으로 일하는 70인은 앞장서는 사람들입니다. 예수님은 70인을 세우시고 앞장세우셨습니다.

눅 10:1 이 후에 주께서 달리 칠십 인을 세우사 친히 가시려는 각 동 각처로 둘씩 앞서 보내시며

또한 예수님은 친히 앞장서시는 분입니다. 십자가 고난을 앞에 두고 뒤에 서지 않으셨습니다. 예루살렘을 향해서 제자들 앞에서 행하셨습니다(눅 19:28). 뒤에 선 자는 찌르고 도망갈 준비를 하지

만(민 33:55), 앞에 선 자는 대신 찔릴 각오가 서 있습니다. 바로 예수님이십니다(고후 5:15).

> 고후 5:15 저가 모든 사람을 대신하여 죽으심은 산 자들로 하여금 다시는 저희 자신을 위하여 살지 않고 오직 저희를 대신하여 죽었다가 다시 사신 자를 위하여 살게 하려 함이니라

### 아르왓 '피난처'

> 겔 27:8 시돈과 아르왓 거민들이 네 사공이 되었음이여 두로야 네 가운데 있는 박사가 네 선장이 되었도다

아르왓 족속을 '사공'으로 삼는다는 것은 그 지역이 바다와 밀접함을 짐작케 합니다. 그리고 뜻이 '피난처'라고 할 때, 바다에 떠 있는 섬으로 볼 수 있습니다.

아르왓은 강력한 해군을 보유하고 있었습니다. 그리고 과거 해군이라고 하는 것은 실상 '해적'에 가깝습니다. 우리나라의 경우에도 섬나라 일본에 많은 피해를 입었습니다. 피난처로 삼은 섬이 오히려 다른 곳을 약탈하지 않으면 안 되는 죄의 거점이 되었습니다. 이사야서에는 '바다의 섬들'을 앗수르와 애굽과 구스 등과 같은 타락한 곳으로 표현합니다(사 11:11). 마지막 때 회복해야 할 대상입

니다.
또한 신약에서는 그레데 섬사람들을 소개합니다.

> 딛 1:12 그레데인 중에 어떤 선지자가 말하되 그레데인들은 항상 거짓말장이며 악한 짐승이며 배만 위하는 게으름장이라 하니

섬에 스스로 고립되어 자신들만을 위해서 살아가고자 합니다. 그들은 다른 사람과 정상적인 교류를 하지 않습니다. 속이고 빼앗습니다. 합당한 노력으로 구하는 것이 아니라 쉽게 취하려고 합니다. 왜냐하면 그 속성이 게으르기 때문입니다. 그 결론이 '약탈'입니다.

약탈하는 곳은 피난처가 될 수 없습니다. 그곳은 강도의 굴혈입니다(마 21:13). 자신만의 섬에 갇혀 있다면 이제 나오시기 바랍니다. 진정한 피난처는 하나님이십니다.

> 시 46:1 (고라 자손의 시 영장으로 알라못에 맞춘 노래) 하나님은 우리의 피난처시요 힘이시니 환난 중에 만날 큰 도움이시라

> 시 62:7 나의 구원과 영광이 하나님께 있음이여 내 힘의 반석과 피난처도 하나님께 있도다

### 스말 '양털'

양털은 추운 밤을 따뜻하게 하는 옷의 재료입니다. 고대 근동에서는 없어서는 안 되는 중요한 재료입니다. 그래서 양털 깎는 날은 축제와 같습니다. 그런데 성경에 등장하는 양털 깎는 날이 오히려 죄와 심판과 연결됩니다.

창세기 38장에서 야곱의 아들 유다는 동생 요셉을 미디안 상인에게 팔고 집을 떠났습니다. 장소적인 집만이 아니라 그의 마음이 하나님을 떠났음을 짐작할 수 있습니다. 왜냐하면 가나안 여인과 결혼하였기 때문입니다(창 38:2). 그리고 그의 가정에 죄가 들어와 자리를 잡았습니다. 그의 큰아들 엘은 다말과 결혼한 후 무자한 가운데 죽었습니다. 하나님 목전에서 악을 행하였기 때문입니다(창 38:7). 이후 둘째 아들 오난에게 다말을 주었지만 역시 악함으로 하나님께서 죽이셨습니다(창 38:10). 그리고 유다의 아내도 죽었습니다. 집안에 줄초상이 났는데 유다는 여전히 영적으로 무감각합니다.

유다는 하나님을 찾는 것이 아니라 양털 깎는 날에 딤나에 올라가서 창녀를 찾았습니다(창 38:15~16). 그 여인이 바로 창녀로 위장한 '며느리 다말'입니다. 후에 다말이 잉태하였다는 말을 듣고 불살라 죽이려고 끌어내었으나, 다말이 유다가 창녀에게 준 증표를 내밀었습니다. 이에 유다가 깨닫고 고백합니다. "그는 나보다 옳도다"(창 38:26). 이렇게 태어난 자녀가 '베레스와 세라'입니다.

사무엘상 25장에서는 나발이라고 하는 어리석은 사람의 양털 깎는 날의 이야기가 있습니다. 그는 심히 부하여 양이 삼천, 염소가 일천이나 있었습니다. 양털 깎는 날은 잔칫날과 같습니다. 다윗은 그동안 나발의 양들을 멀리서 보호하였고, 좋은 날이기에 나발에게 도움을 구합니다. 그러나 나발은 "내가 어찌 내 떡과 물과 내 양털 깎는 자를 위하여 잡은 고기를 가져 어디로서인지 알지도 못하는 자들에게 주겠느냐"며 다윗이 보낸 사람들을 모욕하였습니다. 아니 다윗을 모욕했습니다. 이 일로 다윗은 군대를 일으켰고 지혜로운 아내 아비가일이 아니었다면 나발은 그날이 잔치가 아니라 애곡의 날이 되었을 것입니다.

사무엘하 13장에서 압살롬은 양털 깎는 날에 복수를 행하였습니다. 자신의 누이 다말을 범한 암논을 죽이는 계획을 실행한 날입니다(삼하 13:23).

이처럼 양털 깎는 날은 그 본래의 의미가 무색하게, 음행, 모욕, 복수의 날들이 되었습니다. 열왕기하 10장에서는 아합의 집을 심판하시는 장소로 양털 깎는 집을 사용하셨습니다. 그 자리에서 무려 42명이 죽임을 당하였습니다.

> 왕하 10:10~14 그런즉 너희는 알라 곧 여호와께서 아합의 집에 대하여 하신 말씀은 하나도 땅에 떨어지지 아니하리라 여호와께서 그

종 엘리야로 하신 말씀을 이제 이루셨도다 하니라 예후가 무릇 아합의 집에 속한 이스르엘에 남아 있는 자를 다 죽이고 또 그 존귀한 자와 가까운 친구와 제사장들을 죽이되 저에게 속한 자를 하나도 남기지 아니하였더라 예후가 일어나서 사마리아로 가더니 노중에 목자가 양털 깎는 집에 이르러 유다 왕 아하시야의 형제들을 만나 묻되 너희는 누구냐 대답하되 우리는 아하시야의 형제라 이제 왕자들과 태후의 아들들에게 문안하러 내려가노라 가로되 사로잡으라 하매 곧 사로잡아 목자가 양털 깎는 집 웅덩이 곁에서 죽이니 사십 이 인이 하나도 남지 아니하였더라

양털 깎는 날이 본래의 의미를 찾고, 심판이 아니라 잔치가 되기 위해서는 잠잠함이 필요합니다. 유다는 죄책과 상실로 자신의 자리를 떠났고, 이방인과 통혼하였으며, 침상을 더럽혔습니다. 나발은 교만함과 어리석음으로 선대해야 할 자를 모욕하였습니다. 압살롬은 거짓된 잠잠함으로 기회를 엿보다가 결국 형제의 피를 흘리는 죄를 범하였습니다. 나름대로의 사정과 생각들이 있습니다. 그러나 모두 하나님의 방법이 아닙니다. 양털 깎는 날에 원하시는 모습은 무엇일까요? 이에 대해 예수님은 우리에게 본을 보이셨습니다.

한 마디로, "잠잠하라!"입니다.

> 사 53:7 그가 곤욕을 당하여 괴로울 때에도 그 입을 열지 아니하였음이여 마치 도수장으로 끌려가는 어린 양과 털 깎는 자 앞에 잠잠한 양같이 그 입을 열지 아니하였도다

## 신 족속의 흔적

신 족속은 성경에 유사한 이름만 남아 있습니다. 그 뜻도 전해지지 않습니다. 단지 추정할 수 있는 것은 그 위치가 광야라는 것입니다. 유사한 이름인 시님은 기본적으로 먼 땅입니다. 아마도 남쪽의 먼 땅으로 여겨집니다.

> 사 49:12 혹자는 원방에서, 혹자는 북방과 서방에서, 혹자는 시님 땅에서 오리라

'신' 족속은 불명확합니다. 존재하기는 하지만 알 수 없습니다. 마치 살았다 하는 이름은 있으나 이미 죽은 자와 같이 아무런 기록이 남아 있지 않습니다(계 3:1). 그럼에도 유사한 시님의 장소로 추정되는 '광야'를 통해서, 이름만 남고 행적이 남지 않은 것에 대한 의미를 생각해 보고자 합니다.

광야는 모세오경에서 주로 원망의 장소입니다(민 14:29). 원망한 이들은 가나안에 들어가지 못했습니다. 신약에서 광야를 '교회'로

비유합니다(행 7:38). 가나안은 흔히 천국으로 비유됩니다. 그러므로 애굽에서 광야를 거쳐 가나안 땅을 정복하는 과정을 구원의 여정으로 본다면, 애굽(세상)에서 종살이하던(신 5:6) 이들이 유월절 어린양의 대속하심으로 살아서 홍해(세례, 고전 10:2)를 건너 광야에 들어갑니다. 광야 교회에서 훈련을 받고 마침내 가나안을 정복함으로 천국에 들어가는 여정입니다. 이 중에 광야가 문제입니다. 그리고 광야를 통과하느냐 못하느냐는 '원망의 문제'를 어떻게 해결하느냐에 달려 있습니다.

> 빌 2:14~16 모든 일을 원망과 시비가 없이 하라 이는 너희가 흠이 없고 순전하여 어그러지고 거스리는 세대 가운데서 하나님의 흠 없는 자녀로 세상에서 그들 가운데 빛들로 나타내며 생명의 말씀을 밝혀 나의 달음질도 헛되지 아니하고 수고도 헛되지 아니함으로 그리스도의 날에 나로 자랑할 것이 있게 하려 함이라

광야에서의 원망은 생활의 문제가 아닙니다. 이는 영적인 문제로 반드시 이겨야 할 대상입니다. 시편에서는, 하나님의 말씀을 듣지 않았기 때문이라고 설명합니다(시 106:25). 듣지 않는 것, 하나님의 말씀을 듣지만 마음에 닿지 않게 하는 것이 바로 '원망'입니다. 요한계시록에서는 일곱 교회에 반복적으로 권면합니다. "귀 있는 자는 성령의 말씀을 들으라"(계 2:7, 11, 17, 29, 3:6, 13, 22). 말

쏨을 들을 때, 이길 수 있습니다. 원망을 넘어 가나안으로 들어가게 됩니다.

그래서 하나님은 광야에 '외치는 소리'가 있도록 하셨습니다. 원망이 가득한 자들을 위로하고, 주님의 길을 예비하고 그 길을 평탄케 하셨습니다(사 40:1~3). 이제 광야 교회마다 원망의 소리가 아니라 복음의 외침이 울려 퍼져 많은 이들이 예수님 앞으로 인도되길 간절히 소망합니다.

## 하맛, 북쪽의 경계

창 10:18 아르왓 족속과 스말 족속과 하맛 족속의 조상을 낳았더니 이 후로 가나안 자손의 족속이 흩어져 처하였더라

### 열두 정탐꾼이 정탐한 경계

민 13:21 이에 그들이 올라가서 땅을 탐지하되 신 광야에서부터 하맛 어귀 르홉에 이르렀고

하맛은 온 이스라엘을 표현할 때 북쪽의 이상적인 경계로 여겨졌습니다.

왕상 8:65 그 때에 솔로몬이 칠 일 칠 일 합 십사 일을 우리 하나님 여호와 앞에서 절기로 지켰는데 하맛 어귀에서부터 애굽 하수까지의 온 이스라엘의 큰 회중이 모여 저와 함께 하였더니

왕하 14:25 이스라엘 하나님 여호와께서 그 종 가드헤벨 아밋대의 아들 선지자 요나로 하신 말씀과 같이 여로보암이 이스라엘 지경을 회복하되 하맛 어귀에서부터 아라바 바다까지 하였으니

암 6:14 만군의 하나님 여호와께서 가라사대 이스라엘 족속아 내가 한 나라를 일으켜 너희를 치리니 저희가 하맛 어귀에서부터 아라바 시내까지 너희를 학대하리라 하셨느니라

    그러나 원래의 하나님께서 약속하신 북쪽 경계는 '큰 강 유브라데'까지입니다. 창세기 15:18에서 하나님께서 아브라함과 더불어 횃불 언약을 맺으시고, 그 경계를 애굽 강에서 큰 강 유브라데까지로 정하셨습니다. 그러므로 하맛에 머무는 것이 아니라 유브라데까지 나아가야 합니다. 창세기 15장의 횃불 언약에 대해서 구속사 시리즈 2권에서는 "아담 타락 후에 시작된 구속 역사가 인류 역사의 마지막에 반드시 그 결말을 보고야 말 것이라는 위대한 구속사의 한 축도"라고 정의합니다. 그러므로 '하맛'을 정복하고 약속하신 땅의 경계까지 나아가야 합니다. 그럼 왜 하맛에서 멈췄을까요? 역시 원망이 문제입니다.

### 열 정탐꾼의 악평

가나안 땅을 앞두고 이스라엘 백성들은 모세에게 먼저 그 땅을 탐지할 것을 요청합니다. 열두 명의 정탐꾼 가운데 열 명이 그 땅에서 대해서 악평을 하였습니다(민 13:32). 같은 것을 보아도 평가는 전혀 다를 수 있습니다. 가나안 땅에 대해서 여호수아와 갈렙은 하나님께서 약속하신 그대로의 땅으로 보았다면(민 13:27), 악평한 자들은 땅이 아니라 그 땅의 거민을 보았습니다. 하나님께서 주신 것은 '땅'입니다. 그럼 가서 땅을 보고 오면 되는 것입니다. 그러나 악평한 자들은 보라고 하신 것이 아니라 하나님께서 내어쫓으실 '거민'을 보고 두려움에 빠졌습니다(민 13:28). 이들이 정탐한 끝이 '하맛'이라고 할 때, 이들을 돌아오게 한 거민 중 하나가 '하맛'이라는 것을 짐작하게 합니다.

### 백성 전체의 원망이 된 열 명의 악평

악평을 들은 백성은 모세와 하나님을 원망했습니다. 정탐꾼들도 마찬가지였습니다. 민수기 13:27에서 '당신이 우리를 보낸 땅'이라고 말합니다. 한마디로 '너 때문이야'라고 남을 탓하는 원망이 되었습니다.

민 14:1~3 온 회중이 소리를 높여 부르짖으며 밤새도록 백성이 곡하였더라 이스라엘 자손이 다 모세와 아론을 원망하며 온 회중이 그들에게 이르되 우리가 애굽 땅에서 죽었거나 이 광야에서 죽었더면 좋았을 것을 어찌하여 여호와가 우리를 그 땅으로 인도하여 칼에 망하게 하려 하는고 우리 처자가 사로잡히리니 애굽으로 돌아가는 것이 낫지 아니하랴

악평은 원망이 되었습니다. 원망은 후퇴하게 합니다. 돌아가게 합니다. 원망하는 백성들 서로 말합니다. "애굽으로 돌아가는 것이 낫지 아니하냐". 가나안에 들어가야 하는데 여기서 막혔습니다. 돌아가자고 하는 이들을 이끌고 가나안 정복 전쟁을 시작할 수 없었습니다. 이렇게 후퇴하기까지 상황을 되짚어봅니다. 돌아가자고 하기 전에 원망이 있습니다. 원망 이전에는 악평이 있습니다. 악평 이전에는 정탐이 있었고, 이 정탐의 과정에서 열 명은 두려움에 사로잡혔습니다. 두려움이 그들을 '하맛'에서 멈추게 한 것입니다.

하맛은 원망을 일으키는 두려움의 경계입니다. 두려움을 해결하지 않으면 원망하게 됩니다. 멈추게 됩니다. 후퇴하게 됩니다. 그럼 어떻게 해야 할까요? 오직 말씀에 의지해서 넘어가야 합니다.

신 1:8 여호와께서 너희의 열조 아브라함과 이삭과 야곱에게 맹세하사 그들과 그 후손에게 주리라 하신 땅이 너희 앞에 있으니 들어

가서 얻을찌니라

신 1:21 너희 하나님 여호와께서 이 땅을 너희 앞에 두셨은즉 너희 열조의 하나님 여호와께서 너희에게 이르신 대로 올라가서 얻으라 두려워 말라 주저하지 말라 한즉

이처럼 하맛이 경계가 된 것은 '주저한 결과'입니다. 말씀에 의지하여 주저하는 마음을 다잡아야 합니다. 마음을 강하게 하고 담대히 해야 합니다. 바로 하자크(담대함)의 신앙입니다.

수 1:9 내가 네게 명한 것이 아니냐 마음을 강하게 하고 담대히 하라 두려워 말며 놀라지 말라 네가 어디로 가든지 네 하나님 여호와가 너와 함께 하느니라 하시니라

### 하맛을 넘어 큰 강 유브라데까지

가나안 정복 전쟁 때 이스라엘은 '하맛'의 경계를 넘지 못했습니다. 가나안 백성들이 남게 되면 '가시와 올무'가 된다고 하셨는데(삿 2:3), 하맛을 넘지 못할 뿐 아니라 이스라엘의 국경이 되었습니다. 즉 '한계'가 되었습니다. 하나님의 명령은 '큰 강 유브라데까지 가라'입니다(신 1:7). 그럼 하나님께서는 유브라데 강까지 가라

하신 이유가 있지 않을까요? 유브라데는 '천국 곳간'이라는 뜻입니다. 마지막 때에 알곡만 곳간으로 들어간다고 할 때, 유브라데는 반드시 정복하고 도착해야 할 장소입니다(마 3:12).

하맛을 넘어 유브라데에 이르기 위해서는 먼저 두려움을 이겨야 합니다. 정탐꾼들이 하맛을 넘지 못하는 이유는 무엇일까요? 간단히 말해서 죽을 것 같아서입니다. 두려움 때문입니다(신 20:1~3). 두려움을 넘지 못하면 성장할 수 없습니다. 아이들이 자전거를 배울 때 보조바퀴를 떼는 것은 두려움입니다. 그러나 보조바퀴를 떼고 몇 번 넘어지고 나면 오히려 자유함이 있습니다. 한계를 떼 내시기 바랍니다.

전쟁에 있어서 한 가지 원칙이 있습니다. 두려워하는 자를 먼저 떼어 내는 것입니다.

> 신 20:8 유사들은 오히려 또 백성에게 고하여 이르기를 두려워서 마음에 겁내는 자가 있느냐 그는 집으로 돌아갈찌니 그 형제들의 마음도 그의 마음과 같이 떨어질까 하노라 하여

두려움이 공동체 안에 퍼지지 않도록 해야 합니다. 두려움을 그대로 두면 악평이 퍼지게 됩니다. 결국 멈추고 후퇴하게 됩니다. 두려워하는 자와는 차라리 함께하지 않는 것이 좋습니다. 유브라데를 정복하는 것은 두려움이 없는 정예병력입니다. 기드온의 300

용사와 같은 자들입니다(삿 8:4).

> 민 14:9 오직 여호와를 거역하지 말라 또 그 땅 백성을 두려워하지 말라 그들은 우리 밥이라 그들의 보호자는 그들에게서 떠났고 여호와는 우리와 함께 하시느니라 그들을 두려워 말라 하나

유브라데에 도착했다면, 이제 큰 강 유브라데 강가를 지켜야 합니다. 왜냐하면 짐승의 세력이 유브라데 강을 넘어오기 때문입니다. 하나님께서 북쪽 경계를 유브라데 강으로 정하신 것은 이곳으로 통해서 사단의 세력이 하나님의 나라로 침략하기 때문입니다. 그들은 이미 싸우고자 유브라데 강가에 진치고 있습니다.

> 계 16:12 또 여섯째가 그 대접을 큰 강 유브라데에 쏟으매 강물이 말라서 동방에서 오는 왕들의 길이 예비되더라

짐승의 세력이 유브라데 강을 넘어서 교회 안으로, 믿음의 공동체를 깨트리고자 들어오는 것을 의미합니다. 그러므로 반드시 유브라데 강가에 이르러 지켜야 합니다. 죽으면 죽으리라의 신앙으로 하맛을 넘어 큰 강 유브라데에 이르시기 바랍니다. 대적이 몰려옵니다. 두려움이 몰려옵니다. 대적 앞에서 뒤돌아서고 싶은 것은 이스라엘 백성뿐 아니라 우리의 연약한 마음도 그러합니다. 그러

나 말씀에 의지하여 굳게 서시기 바랍니다.

요일 4:17~18 이로써 사랑이 우리에게 온전히 이룬 것은 우리로 심판날에 담대함을 가지게 하려 함이니 주의 어떠하심과 같이 우리도 세상에서 그러하니라 사랑 안에 두려움이 없고 온전한 사랑이 두려움을 내어 쫓나니 두려움에는 형벌이 있음이라 두려워하는 자는 사랑 안에서 온전히 이루지 못하였느니라

요 16:33 이것을 너희에게 이름은 너희로 내 안에서 평안을 누리게 하려 함이라 세상에서는 너희가 환난을 당하나 담대하라 내가 세상을 이기었노라 하시니라

가나안을 정복할 때 여호수아에게 주신 담대함(하자크)의 신앙으로 여리고을 무너트리고 하맛(두려움)을 넘어 큰 강 유브라데까지 나아가시기 바랍니다.

# 셈의 후손

**창 10:22 셈의 아들은 엘람과 앗수르와 아르박삿과 룻과 아람이요**

셈의 후예에 대한 기록은 창세기 11:10에 등장합니다. "셈의 후예는 이러하니라." 그리고 그 기준이 되는 사건이 바로 '홍수 후'입니다. 셈의 후손에 대한 이야기는 죄가 관영하여 하나님께서 홍수로 인류를 쓸어버리신 이후입니다. 그런데 여전히 죄가 남아 있습니다. 창세기 11장의 중심 내용이 '바벨탑 사건'이라는 점만 보아도 홍수 심판 이후에도 달라지지 않는 타락의 일상을 짐작케 합니다. 아니, 오히려 죄는 더 강해졌습니다. 니므롯과 같은 세상의 영웅을 중심으로 사람들이 모였습니다. 우리의 이름을 내자는 그들의 외침은 모두를 위한 일인 것 같았습니다(창 11:4). 심판을 면하자는 그들의 소리는 유일한 인류의 대안으로 자리 잡았습니다. 이를 통해서 우리는 뿌리 깊은 죄의 속성을 발견하게 됩니다.

**렘 2:22 주 여호와 내가 말하노라 네가 잿물로 스스로 씻으며 수다한 비누를 쓸지라도 네 죄악이 오히려 내 앞에 그저 있으리니**

바벨탑 사건으로 셈의 후예들은 나누어졌습니다. 에벨을 중심으로 강을 건너고, 욕단을 중심으로 동편 산을 향했습니다. 남은 벨렉의 후예들에게는 소망이 없어 보입니다. 그러나 하나님께서 한 사람을 부르셨습니다. 바로 아브라함입니다. 죄가 남아 있으나 그보다 더 큰 하나님의 은혜도 역사하십니다(롬 5:20). 그 은혜가 지금도 우리를 부르십니다.

## 다른 엘람

엘람은 '높은 곳'이라는 뜻입니다. 성경에 가장 높은 곳은 '하나님께서 거하는 곳'입니다. 장소적으로는 '시온'에 해당됩니다(사 40:9). 사람 중에 가장 높은 이름을 가진 분은 '예수 그리스도'이십니다(빌 2:9~11). 또한 하나님은 늘 예수님과 함께하셨으며(요 8:29), 예수님께서 계신 곳이 바로 시온 성전입니다(요 2:21). 그러므로 구속사적 관점에서 셈의 장남 '엘람(높은 곳)'은 모든 사람의 장자가 되신 '예수님'을 예표하는 자가 되어야 합니다. 그러나 엘람은 '다른 높은 곳'이 되었습니다.

엘람이 있던 곳은 지금의 '이란'이고 이 지역 출신의 왕이 바로 '고레스'입니다. 이란의 건국왕인 고레스 황제는 메대와 바사를 정복하고 거대한 바벨론(페르시아) 제국을 건설하였습니다. 성경에서 관심을 갖는 부분은 바벨론 제국이 아니라 '바벨론 포로 귀환'입니다. 그래서 에스라서의 시작도 바벨론 포로 귀환을 알리는 고레스 칙령입니다.

스 1:1~3 바사 왕 고레스 원년에 여호와께서 예레미야의 입으로 하신 말씀을 응하게 하시려고 바사 왕 고레스의 마음을 감동시키시매 저가 온 나라에 공포도 하고 조서도 내려 가로되 바사 왕 고레스는 말하노니 하늘의 신 여호와께서 세상 만국으로 내게 주셨고 나를 명하사 유다 예루살렘에 전을 건축하라 하셨나니 이스라엘의 하나님은 참신이시라 너희 중에 무릇 그 백성 된 자는 다 유다 예루살렘으로 올라가서 거기 있는 여호와의 전을 건축하라 너희 하나님이 함께하시기를 원하노라

귀환 과정에서 엘람 자손이 1차 귀환에 포함되어 있음을 볼 수 있습니다.

스 2:7 엘람 자손이 일천 이백 오십 사명이요

스 2:31 다른 엘람 자손이 일천 이백 오십 사명이요

여기 "다른 엘람"은 누구일까요? 다른 엘람에 대해서 이 족보가 있는 부분을 살펴보면, '지역별 구별'입니다. 구속사 시리즈 11권 (하) 『스룹바벨 성전과 귀환자들의 성별된 족보』에서는 귀환자들의 족보를 가계별, 지역별, 성전 봉사자별, 그리고 기타 귀환자로 구분합니다. 그러므로 '다른'이라는 표현은 지역에 대한 의미로, 이미 익

숙한 엘람이 아니라 '다른' 엘람이라는 의미를 가집니다. 즉 귀환할 이스라엘 땅의 엘람(예루살렘 남서쪽 40킬로미터 떨리진 엘람)이 아니라 '다른' 지역의 엘람은 페르시아의 엘람을 의미합니다.

이는 셈의 장자 된 엘람을 부르시는 하나님의 강권적 역사입니다. 구속사 전체의 흐름에도 부합됩니다. 왜냐하면, 마지막 때는 흩어진 이들이 돌아오는 장소가 높은 곳(시온)이기 때문입니다.

> 슥 8:3 여호와가 이같이 말하노라 내가 시온에 돌아와 예루살렘 가운데에 거하리니 예루살렘은 진리의 성읍이라 일컫겠고 만군의 여호와의 산은 성산이라 일컫게 되리라

> 사 11:11 그 날에 주께서 다시 손을 펴사 그 남은 백성을 앗수르와 애굽과 바드로스와 구스와 엘람과 시날과 하맛과 바다 섬들에서 돌아오게 하실 것이라

다른 높은 곳을 향하던 삶을 다시 하나님을 높이는 삶으로 부르시는 것, 이것이 우리를 세상 가운데 부르신 하나님의 구속섭리입니다. 애굽에서 이스라엘을 나의 장자라고 부르심과 같이(출 4:22), 하나님께서는 셈의 장자 엘람을 잊지 않으시고 그들의 땅에서 찾아 부르셨습니다. 가장 높은 곳, 성산(聖山)으로 초대하십니다.

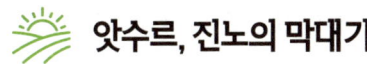 **앗수르, 진노의 막대기**

창 10:22 셈의 아들은 엘람과 앗수르와 아르박삿과 룻과 아람이요

앗수르는 지금의 이라크 지역에 해당됩니다. 성경에서 앗수르가 처음 등장하는 곳은 니므롯과 연관되어 있습니다.

창 10:8~12 구스가 또 니므롯을 낳았으니 그는 세상에 처음 영걸이라 그가 여호와 앞에서 특이한 사냥꾼이 되었으므로 속담에 이르기를 아무는 여호와 앞에 니므롯 같은 특이한 사냥꾼이로다 하더라 그의 나라는 시날 땅의 바벨과 에렉과 악갓과 갈레에서 시작되었으며 그가 그 땅에서 앗수르로 나아가 니느웨와 르호보딜과 갈라와 및 니느웨와 갈라 사이의 레센(이는 큰 성이라)을 건축하였으며

니므롯은 하나님을 대적하는 '세상'을 대표하는 첫 영걸입니다. 그가 얼마나 강력한 세력을 가졌는지는 정복한 지역들을 통해 확인할 수 있습니다. 11절에서 '앗수르로 나아가'는 함의 자손 니므롯

의 영향 아래에 셈의 자손 앗수르가 들어갔음을 의미합니다. 정복당한 것입니다. 그러나 이후의 역사를 통해서 볼 때, 메소포타미아 지역은 바벨론과 앗수르가 장악합니다. 니므롯이 시작한 '수메르 문명'은 다시 셈족인 엘람과 앗수르에 의해서 정복되었습니다. 그런데 니므롯의 영향이 그대로 남은 것을 찾아볼 수 있습니다.

> 미 5:6 그들이 칼로 앗수르 땅을 황무케 하며 니므롯 땅의 어귀를 황무케 하리라 앗수르 사람이 우리 땅에 들어와서 우리 지경을 밟을 때에는 그가 우리를 그에게서 건져 내리라

여기 앗수르의 땅을 니므롯의 땅으로 강조합니다. 이처럼 앗수르는 니므롯을 왕으로 인정한 자손이며 여전히 그의 땅입니다. 그리고 하나님께서는 이들을 '막대기'로 사용하셨습니다.

> 사 10:5~6 화 있을진저 앗수르 사람이여 그는 나의 진노의 막대기요 그 손의 몽둥이는 나의 분한이라 내가 그를 보내어 한 나라를 치게 하며 내가 그에게 명하여 나의 노한 백성을 쳐서 탈취하며 노략하게 하며 또 그들을 가로상의 진흙 같이 짓밟게 하려 하거늘

성경에는 악한 도구와 선한 도구가 있습니다. 모든 것에는 그 필요가 있습니다. 하나님께서 모든 것을 적당하게 지으셨기에 악인

도 적당하게 사용하십니다(잠 16:4).

### 진노의 막대기

북이스라엘을 멸망시킨 나라가 '앗수르'입니다. 주전 722년, 북이스라엘은 호세아 9년에 망하였습니다. 당시 앗수르의 왕이 살만에셀 5세와 사르곤 2세입니다.

열왕기하 15:30에서 반란으로 북이스라엘의 왕이 된 호세아는 실상 앗수르의 도움으로 왕이 된 인물입니다. 그런데 당시 도움을 주었던 디글랏 빌레셀이 죽은 후에 호세아는 앗수르를 배반합니다. 한마디로 외교 정책의 실패였습니다. 친애굽 반앗수르 정책을 택하였습니다.

> 왕하 17:3~4 앗수르 왕 살만에셀이 올라와서 호세아를 친고로 호세아가 신복하여 조공을 드리더니 저가 애굽 왕 소에게 사자들을 보내고 해마다 하던 대로 앗수르 왕에게 조공을 드리지 아니하매 앗수르 왕이 호세아의 배반함을 보고 저를 옥에 금고하여 두고

살만에셀은 자신의 신복으로 이스라엘을 쳐서 다시 복종케 하였지만 북이스라엘은 다시 배반하여 친애굽 정책을 택하였습니다. 왜냐하면 당시 국제정세는 반앗수르적 분위기가 팽배하였습니다.

북이스라엘 또한 독립을 위해 애굽과 연합하여 반앗수르 정책을 편 것에 불과합니다. 그러나 그 대가는 너무나 컸습니다. 당시 애굽은 북이스라엘을 도울 힘이 없었고 이 실책은 북이스라엘을 멸망으로 이끌었습니다.

> 사 2:22 너희는 인생을 의지하지 말라 그의 호흡은 코에 있나니 수에 칠 가치가 어디 있느뇨

결국 북이스라엘은 사르곤 2세에 의해 멸망을 당하고 맙니다(왕하 17:3).

> 왕하 17:3 앗수르 왕 살만에셀이 올라와서 호세아를 친 고로 호세아가 신복하여 조공을 드리더니

> 왕하 17:6 호세아 구년에 앗수르 왕이 사마리아를 취하고 이스라엘 사람을 사로잡아 앗수르로 끌어다가 할라와 고산 하볼 하숫가와 메대 사람의 여러 고을에 두었더라

> 왕하 18:11 앗수르 왕이 이스라엘을 사로잡아 앗수르에 이르러 할라와 고산 하볼 하숫가와 메대 사람의 여러 성읍에 두었으니

17장과 18장 모두 전반부에서는 '살만에셀'(17:3)이라고 앗수르 왕의 이름이 나오고 뒤 구절에서는 그냥 '앗수르 왕'(17:6, 18:11)이라고 나오므로 자연히 '살만에셀'이 북이스라엘을 멸망시켰다고 생각할 수 있습니다. 그러나 역사적으로 살만에셀은 사마리아를 에워싸기만 하였고 그 뒤를 이은 '사르곤 2세'가 멸망시켰습니다.

  사르곤에 대해서 간단히 정리하면 주전 722~705년경에 앗수르 제국을 지배했던 왕으로서 살만에셀 5세의 후계자인 디글랏빌레셀 3세의 아들이며 산헤립의 아버지입니다.

  그리고 사르곤 2세는 살만에셀 5세가 주전 722년 죽을 때까지 3년간 포위 공격했던 사마리아를 함락하고(왕하 17:5, 6), 27,900명의 이스라엘인을 메소포타미아로 추방한 인물입니다.

  애굽을 의지했던 북이스라엘인들은 포로가 되었습니다(왕하 17:6~8). 앗수르에 의해서 할라, 고산 하볼 하숫가와 메대 사람의 고을로 흩어지게 되었습니다. 애굽 종살이하던 시절을 잊고 그 애굽에 의지하던 북이스라엘은 다시 포로가 되었습니다. 노예가 되었습니다. 이를 호세아서에서는 '이스라엘의 교만'이라고 합니다(호 7:10). 기도하지 않는 것 자체가 교만입니다. 도움을 구하시기 바랍니다. 하나님을 찾고 부르짖을 때 반드시 응답하십니다(사 49:8).

  호 6:1 오라 우리가 여호와께로 돌아가자 여호와께서 우리를 찢으

셨으나 도로 낫게 하실 것이요 우리를 치셨으나 싸매어 주실 것임이라

### 교만을 치는 막대기

북이스라엘과 다르게 남유다는 앗수르에 의해서 멸망 당하지는 않았습니다. 그러나 하나님께서 남유다의 교만을 앗수르를 통해 찾아내셨습니다. 앗수르의 산헤립과 남 유다 왕 히스기야의 내용은 열왕기하 18~19장에 등장합니다. 산헤립이 이스라엘을 침략했습니다.

> 왕하 18:13 히스기야 왕 십사 년에 앗수르 왕 산헤립이 올라와서 유다 모든 견고한 성읍들을 쳐서 취하매

여기 14년은 구속사 시리즈 4권『신비롭고 오묘한 섭리』에서 밝힌 바와 같이 단독통치 14년으로 주전 715년 이후를 말합니다. 그러므로 주전 701년(715-14=701)에 해당됩니다. 그리고 이 해는 히스기야가 15년 생명 연장을 받고, 바벨론의 사절단에게 왕궁의 모든 것을 보여 준 교만이 드러난 해입니다. 히스기야가 주전 686년까지 통치하였기 때문에 주전 686년에서 생명 연장을 받은 15년을 빼면 주전 701년이 됩니다.

> 왕하 20:12 그 때에 발라단의 아들 바벨론 왕 부로닥발라단이 히스기야가 병들었다 함을 듣고 편지와 예물을 저에게 보낸지라

　당시 부로닥 발라단은 산헤립에 의해서 왕위에서 쫓겨난 상태였으며 다시 나라를 독립시키고자 주변국들에게 원조와 협력을 구하고 있었습니다. 그런 가운데 히스기야가 병에서 기적적으로 회복하였다는 소식을 듣고 사절단을 통해서 편지와 예물을 전합니다. 히스기야는 사절단에게 군기고와 내탕고를 다 보였습니다. 이는 서로 동맹을 결성함을 의미합니다.
　여기서 히스기야의 감추어졌던 교만이 드러나게 됩니다. 히스기야는 부로닥 발라단의 사절단에게 군기고와 내탕고 등 왕궁의 모든 것을 보이며 자신을 자랑했습니다.

> 왕하 20:13 히스기야가 사자의 말을 듣고 자기 보물고의 금은과 향품과 보배로운 기름과 그 군기고와 내탕고의 모든 것을 다 사자에게 보였는데 무릇 왕궁과 그 나라 안에 있는 것을 저에게 보이지 아니한 것이 없으니라

> 대하 32:31 그러나 바벨론 방백들이 히스기야에게 사자를 보내어 그 땅에서 나타난 이적을 물을 때에 하나님이 히스기야를 떠나시고 그 심중에 있는 것을 다 알고자 하사 시험하셨더라

하나님께서는 히스기야에게 15년의 생명 연장뿐 아니라 예루살렘 성을 보호해 주실 것을 약속하셨습니다(왕하 20:6). 그러나 히스기야는 하나님을 전적으로 의지하지 않고 바벨론과 연합하여 반앗수르를 세력에 가담을 하고 이는 결국 앗수르의 화살이 남유다를 향하게 했습니다(왕하 18:21).

남유다는 앗수르에게 침공당해 모든 것을 빼앗기고 말았습니다. 이 사건이 15년 생명 연장의 축복 이후라고 할 때, 우리에게 교훈하는 바가 크다 하겠습니다. 구속 받은 성도는 오직 하나님만을 의지해야 함을 잊을 때, 대적으로부터 처참하게 패배하게 됩니다. 하나님께서 당신의 백성을 사랑하시기에 오히려 더욱 호되게 치십니다(히 12:8). 그러나 실망하지 마시기 바랍니다. 막대기로 치신 후에는 돌보심이 있습니다. 결국 평강으로 인도하십니다.

> 히 12:9~13 또 우리 육체의 아버지가 우리를 징계하여도 공경하였거든 하물며 모든 영의 아버지께 더욱 복종하여 살려 하지 않겠느냐 저희는 잠시 자기의 뜻대로 우리를 징계하였거니와 오직 하나님은 우리의 유익을 위하여 그의 거룩하심에 참예케 하시느니라 무릇 징계가 당시에는 즐거워 보이지 않고 슬퍼 보이나 후에 그로 말미암아 연달한 자에게는 의의 평강한 열매를 맺나니 그러므로 피곤한 손과 연약한 무릎을 일으켜 세우고 너희 발을 위하여 곧은길을 만들어 저는 다리로 하여금 어그러지지 않고 고침을 받게 하라

## 아르박삿, 하나님의 영역

> 창 10:22 셈의 아들은 엘람과 앗수르와 아르박삿과 룻과 아람이요

 '아르박삿'은 창세기 5장 족보에 등장하는 인물로, 구속사 시리즈 1권 『하나님의 구속사적 경륜으로 본 창세기 족보』에서 아담 이후 셈의 족보를 자세히 다루고 있습니다. 창세기 5장과 11장, 그리고 마태복음 1장으로 이어지는 족보는 아담으로부터 예수 그리스도에 이르기까지의 신앙 전수를 보여 줍니다. 족보에 압축되어 있는 구속사 경륜을 구속사 시리즈를 통해서 확인하시기 바랍니다.

 아르박삿은 셈이 100세에 홍수가 지난 지 2년째 되던 해에 낳은 아들입니다(창 11:10). 그는 번성의 축복을 받고 낳은 아들입니다(창 9:1, 7). 왜냐하면 하나님께서 노아의 세 아들들에게 "생육하고 번성하여 땅에 충만하라"고 말씀하셨습니다. 물론 앞에 두 아들, 엘람과 앗수르도 마찬가지이지만 '홍수가 지난 지 2년째'라고 구체적으로 기록된 인물은 아르박삿뿐입니다. 그러므로 오직 아르박삿을 통해서 번성의 축복이 이어졌음을 짐작할 수 있습니다.

부모가 자녀의 이름을 지을 때는 소망을 담기 마련입니다. 셈이 아르박삿, '영역'이라는 이름을 지을 때도 그러했을 것입니다. 그럼 어떤 영역을 기대했을까요? 셈은 아르박삿을 통해 신앙의 영역이 확보되기를 소망하였을 것입니다. 셈이 장차와 차자가 아니라 셋째인 아르박삿을 택하고 창세기 5장 족보에 아르박삿의 이름이 올라간 것은 다른 아들들을 포기한 것이 아닙니다. 그의 영역을 통해서 화평하며 모든 아들들이 어우러지기를 바라는 아버지의 심정이 담겨 있었을 것입니다.

마찬가지로 하나님의 구속 역사는 먼저 하나님의 자기 영역을 선택하심으로써 시작됩니다. 이스라엘을 하나님의 영역으로 선택하셨습니다(요 1:11). 그리고 그 영역의 터전 위에 그리스도께서 오셨습니다(갈 4:4; 요 1:11; 마 8:20; 눅 9:58). 누구든지 하나님의 자녀가 되는 새롭고 산 길이 되셨습니다.

이처럼 하나님의 택하심은 한 사람을 시작되는 것이지, 그 한 사람으로 끝나는 것이 아닙니다. 믿음의 조상 아브라함을 택하신 목적도 그러합니다. "그로 그 자식과 권속에게 명하여 여호와의 도를 지켜 의와 공도를 행하게 하려고 그를 택하였나니"(창 18:18~19). 우리를 택하심도 마찬가지입니다.

> 벧전 2:9 오직 너희는 택하신 족속이요 왕 같은 제사장들이요 거룩한 나라요 그의 소유된 백성이니 이는 너희를 어두운데서 불러내어

그의 기이한 빛에 들어가게 하신 자의 아름다운 덕을 선전하게 하려 하심이라

## 셀라, 영역의 확장

창 10:24 아르박삿은 셀라를 낳고 셀라는 에벨을 낳았으며

셀라의 어원은 히브리어로 '샬라흐(שָׁלַח)'에서 유래되었으며 그 뜻은 '(멀리 밖으로) 내던지다, 보내다, 뻗치다'라는 뜻, 즉 보냄을 받은 자입니다. 영역이라는 뜻을 가진 아르박삿의 시대가 하나님이 일하실 수 있는 어느 한 영역, 곧 중심거점을 구별하고 마련한 단계였다면, 셀라 시대는 하나님의 나라와 복음의 영역이 점점 더 멀리 온 땅 가득히 확장되는 단계라고 할 수 있습니다.

셀라의 또 다른 어원은 '쉘라흐'인데 그 뜻은 '어린 가지, 싹, 햇가지'라는 뜻입니다. 햇가지는 처음 나온 가지로서 앞으로 큰 나무가 되리라는 소망을 상징합니다. 봄에 나온 햇가지는 시간이 지나면 어느새 짙푸른 잎으로 큰 숲을 이루듯이, 복음이 그렇게 빠른 속도로 확장될 소원을 담은 것입니다.

구속사 시리즈 1권 『하나님의 구속사적 경륜으로 본 창세기의 족보』에서는 셀라의 구속사적 의미에 대해서 두 가지로 정리합니다.

하나는 예수님의 부활 승천 사건을 중심으로 하나님의 영역이 이 방으로 확장된 것입니다.

> 행 1:8 오직 성령이 너희에게 임하시면 너희가 권능을 받고 예루살 렘과 온 유대와 사마리아와 땅 끝까지 이르러 내 증인이 되리라 하시니라

> 행 13:46~48 바울과 바나바가 담대히 말하여 가로되 하나님의 말씀을 마땅히 먼저 너희에게 전할 것이로되 너희가 버리고 영생 얻음에 합당치 않은 자로 자처하기로 우리가 이방인에게로 향하노라 주께서 이같이 우리를 명하시되 내가 너를 이방의 빛을 삼아 너로 땅 끝까지 구원하게 하리라 하셨느니라 하니 이방인들이 듣고 기뻐하여 하나님의 말씀을 찬송하며 영생을 주시기로 작정된 자는 다 믿더라

다른 하나는 예수님의 부활 승천 이후 성령의 강력한 역사로 초대 교회에 말씀 운동이 흥왕하였다는 점입니다.

> 행 2:41 그 말을 받는 사람들은 세례를 받으매 이 날에 제자의 수가 삼천이나 더하더라

행 2:47 하나님을 찬미하며 또 온 백성에게 칭송을 받으니 주께서 구원 받는 사람을 날마다 더하게 하시니라

행 4:4 말씀을 들은 사람 중에 믿는 자가 많으니 남자의 수가 약 오천이나 되었더라

행 5:14 믿고 주께로 나오는 자가 더 많으니 남녀의 큰 무리더라

행 5:28 가로되 우리가 이 이름으로 사람을 가르치지 말라고 엄금하였으되 너희가 너희 교를 예루살렘에 가득하게 하니 이 사람의 피를 우리에게로 돌리고자 함이로다

행 6:7 하나님의 말씀이 점점 왕성하여 예루살렘에 있는 제자의 수가 더 심히 많아지고 허다한 제사장의 무리도 이 도에 복종하니라

행 9:31 그리하여 온 유대와 갈릴리와 사마리아 교회가 평안하여 든든히 서 가고 주를 경외함과 성령의 위로로 진행하여 수가 더 많아지니라

행 11:21 주의 손이 그들과 함께 하시매 수다한 사람이 믿고 주께 돌아오더라

행 12:24 하나님의 말씀은 흥왕하여 더하더라

행 19:20 이와 같이 주의 말씀이 힘이 있어 흥왕하여 세력을 얻으니라

이 확장의 역사가 오늘날에 이르렀습니다. 이 시대 말씀을 맡은 자들로서(롬 3:2), 여호와를 아는 지식이 온 땅에 충만하기까지 가정에서는 내 자녀에게 가르치고, 밖으로는 이웃들에게 부지런히 전파해야 할 사명이 우리에게 있습니다. 그리하여 온 세계가 하나님을 인정하고, 작은 자로부터 큰 자에 이르기까지 모두 하나님을 아는 것이 가득하게 되는 날이 속히 임하기를 소원해 봅니다(히 8:10~11, 10:16~18; 사 11:9; 합 2:14). 담을 넘은 가지와 같은, 축복의 통로가 되시기 바랍니다.

## 에벨, 강을 건넌 자

> 창 10:25 에벨은 두 아들을 낳고 하나의 이름을 벨렉이라 하였으니 그 때에 세상이 나뉘었음이요 벨렉의 아우의 이름은 욕단이며

에벨은 신앙의 전통성을 가진 인물입니다. 창세기 10:21에서 "셈은 에벨 온 자손의 조상이요"라는 부분이 있습니다. 구속사 시리즈 1권 『하나님의 구속사적 경륜으로 본 창세기의 족보』에서는 "이 말씀은 일차적으로 에벨의 신앙 공적을 높이 평가하고 그것을 크게 자랑하는 말씀으로, 셈 이후로 에벨에게 시선을 집중하라는 것입니다. 또한 이 말씀은 '에벨의 모든 후손이 그(셈)에게서 나왔다'라는 뜻으로, 에벨뿐 아니라 특별히 그의 자손들에게도 신앙적 가치를 부여하는 내용입니다"라고 서술합니다.

또한 『리딩 바이블 1』(이재수)에서는 '온'에 해당하는 히브리어 '콜'은 전체, 전부, 모두 등을 뜻하기 때문에 하나님의 구속사에서 에벨의 두 아들인 벨렉과 욕단 중 한 사람이라도 빠지면 안 된다고 말합니다. 분명한 사실은 창세기 10장의 중요한 세 인물인 셈, 함,

야벳 중에 노아의 신앙을 계승한 것은 셈 계열이며, 그 가운데 '에벨'이 강조되고 있습니다. 그런데 이렇게 인정을 받은 에벨이 있던 시대인데 그 자녀들로 인해서 세상은 나누어졌습니다.

## 벨렉, 세상이 나누어진 때

벨렉에 대해서 창세기 11장은 바벨탑 사건으로 자세히 다룹니다. 벨렉의 이름 뜻 자체가 '나뉨, 분리, 분열'입니다. 벨렉 시대에 나누어진 것은 심각한 죄의 결과였습니다. 이것을 증거하는 사실이 '수명의 단축'입니다. 에벨이 464세를 향수하였다면, 벨렉 이후의 인물들은 창세기 11장 족보를 통해서 볼 때 239세 전후입니다. 평균 수명의 단축은 '분열'을 하나님께서 기뻐하지 않는다는 것을 보여 줍니다.

분리되어지는 것 자체가 하나님의 슬픔이고 '본래'가 아닙니다. 하나님은 세상을 창조하시고 "보시기에 좋았더라"로 만드셨습니다. 이러한 세상이 점점 하나님 앞에서 악을 행했습니다. 여호와 앞에서, 목전에서 행하는 악들이 쌓이고 관영하고 심판에 이르게 됩니다. 그 과정에서 우리는 '분리'가 있음을 보게 됩니다.

분명한 사실은, '분리'가 죄의 결과라는 점입니다. 이는 거룩한 분리와 욕심으로 인한 분리로 구분될 수 있습니다. 거룩한 분리의 대표적인 인물이 '아브라함'입니다. 아브라함의 생애는 전체가 '분리의 연속'이었습니다. 아버지 데라와 분리되었고, 조카 롯과 분리되었으며, 하갈의 아들 이스마엘, 그리고 사랑하는 독자 이삭과도 분리되었습니다. 이러한 아브라함이 성경 전면에 등장하는 순간에도 '분리'였습니다. 마치 에벨과 같습니다. '강을 건넌다'는 의미에서 아브라함도 강을 건너는 분리를 이루어 '히브리인'이라는 칭호를 들었습니다(창 14:13). 그런데 '수명'이라는 관점에서 우리는 흥미로운 사실을 발견하게 됩니다.

아브라함의 수명은 175세입니다. 데라의 수명은 205세로(창 11:32) 앞선 벨렉 이후의 세대들과 같이 평균 200세 시대를 살았다면, 아브라함 이후로는 평균 100세 단위로 수명이 단축되었습니다. 이삭은 180세, 야곱은 147세, 요셉은 110세입니다. 이처럼 단순히 수명의 단축을 중심으로 생각한다면, 아브라함의 분리 또한 하나님의 슬픔이었다는 것이 분명합니다.

> 시 133:1~3 (다윗의 시, 곧 성전에 올라가는 노래) 형제가 연합하여 동거함이 어찌 그리 선하고 아름다운고 머리에 있는 보배로운 기름이 수염 곧 아론의 수염에 흘러서 그 옷깃까지 내림 같고 헐몬의 이슬이 시온의 산들에 내림 같도다 거기서 여호와께서 복을 명하셨나니 곧 영생이로다

## 강을 건너는 분리

당시 경계의 큰 기준이 되는 것이 '강'입니다. 강을 중심으로 문명이 발달하고 구분됩니다. 나일 강과 유브라데스 강이 대표적입니다. 그러므로 강을 건너는 분리는 완전한 분리이며 다시 돌아가지 않는 단절입니다. 앞서 말했듯 에벨이 건넜던 강 '유브라데'는 '천국 곳간'이라는 뜻이 있습니다. 이는 천국에 들어간다는 것이 강을 건너는 것으로 비유됩니다. 예수님께서도 부자와 거지 나사로의 비유에서 건널 수 없는 상황을 말씀하십니다.

> 눅 16:25~26 아브라함이 가로되 얘 너는 살았을 때에 네 좋은 것을 받았고 나사로는 고난을 받았으니 이것을 기억하라 이제 저는 여기서 위로를 받고 너는 고민을 받느니라 이뿐 아니라 너희와 우리 사이에 큰 구렁이 끼어 있어 여기서 너희에게 건너가고자 하되 할 수 없고 거기서 우리에게 건너 올 수도 없게 하였느니라

예수님의 말씀에서 살아생전에 건너야 할 강이 있음을 알 수 있습니다. 죽음 이후에는 건널 수도, 건너 올 수도 없습니다. 그러므로 지금 강을 건너는 믿음의 결단이 있어야 합니다. 그런데 그 강은 혼자의 힘으로 건너는 것이 불가능합니다. '하나님의 도움'을 받아야 합니다.

부자의 이름은 없지만 거지의 이름은 등장합니다. '나사로'는 '하나님의 도움'이라는 뜻을 가지고 있습니다. 나사로는 세상에 살면서 사람의 도움을 받지 못한 인생이었습니다. 그러나 하나님의 도움이 그와 함께하셨습니다. 나사로가 마침내 강을 건너 아브라함의 품에 도착하였다면 우리도 예수 그리스도의 도움으로, 믿음으로 능히 유브라데 강을 건널 수 있습니다.

**빌 4:13** 내게 능력 주시는 자 안에서 내가 모든 것을 할 수 있느니라

## 욕단, 동편 산

창 10:26~31 욕단은 알모닷과 셀렙과 하살마 과 예라와 하도람과 우살과 디글라와 오발과 아비마엘과 스바와 오빌과 하윌라와 요밥을 낳았으니 이들은 다 욕단의 아들이며 그들의 거하는 곳은 메사에서부터 스발로 가는 길의 동편 산이었더라 이들은 셈의 자손이라 그 족속과 방언과 지방과 나라대로였더라

동편은 요한계시록에서 중요한 지리적인 의미를 가집니다. 다른 천사가 살아 계신 하나님의 인을 가지고 해 돋는 데로부터 올라옵니다(계 7:2). 해 돋는 곳은 동편으로 마치 해가 돋을 때 빛이 어둠을 물러가게 하는 것과 같이 하나님의 마지막 때 말씀의 역사를 보여 줍니다.

창세기 10:30의 동편 산은 산악지대를 의미합니다. 메사와 스발을 거쳐서 동쪽에 있는 산악지대로 넘어간다는 의미입니다. 그런데 이스라엘에는 큰 산악지대나 큰 산맥이 없습니다. 따라서 욕단은 자기가 살던 본토(本土)를 떠나서 동쪽으로 이동하였음을 알 수

있습니다. 메사는 오늘날 이라크에 위치한 메샷 지방으로, 스발(시빌)은 오늘날 시베리아의 옛날 명칭으로 추정됩니다.

　욕단과 그의 자손들이 동쪽으로 떠난 것은, 그 방향이 해가 떠오르는 편이라는 점에서 '신앙의 순수성을 지키고자 하는 떠남'으로 이해할 수 있습니다. 왜냐하면 당시 욕단의 본토는 세상의 영걸인 니므롯이 다스렸기 때문입니다. 하나님께서 바벨탑을 무너지게 하셨음에도 여전히 하나님을 대적하였습니다. 욕단은 유일신 사상을 지키고 싶었을 것입니다.

　그래서 욕단의 자손은 '동쪽으로 동쪽으로', 신령한 태양이 떠오르는 동쪽으로 이동을 시작했을 것입니다. 그렇게 이란 동쪽의 메샷(메사)을 거쳐서 시베리아(스발)까지 와서 동쪽 산악 지대에 거하게 됩니다. 마지막 동쪽 산악 지역에 위치한 산맥이 바로 한반도의 북부입니다.

　동편을 향한 욕단 자손의 신앙은 하나님을 향하고 있음에 분명합니다. 에벨과 그 선조들이 하란 지역으로 이동했다면, 벨렉과 그 후손들은 그 자리에 남았고, 빛을 향한 믿음을 가진 욕단과 그 후손들은 동편 산으로 향하였습니다.

　성경은 더 이상 욕단의 자손에 대해서 기록하지 않습니다. 그들의 신앙이 이후 어떻게 되었는지 모르지만, 오늘날 동방의 작은 나라 대한민국에 복음이 전파되고 이렇게 수많은 교회가 세워진 것은 우연이 아닙니다. 하나님의 구속사적 섭리입니다.

## 맺는 말

## 너희는 세상의 빛이라

마 5:14~16 너희는 세상의 빛이라 산 위에 있는 동네가 숨기우지 못할 것이요 사람이 등불을 켜서 말 아래 두지 아니하고 등경 위에 두나니 이러므로 집안 모든 사람에게 비취느니라 이같이 너희 빛을 사람 앞에 비취게 하여 저희로 너희 착한 행실을 보고 하늘에 계신 너희 아버지께 영광을 돌리게 하라

창세기 10장의 결론은 동편 산을 향해서입니다. 동편은 해가 떠오르는 곳입니다. 이곳에서 빛으로 충만해진 성도는 다시 빛을 비추는 사명을 갖습니다. 예수님께서 말씀하십니다.

'너희는 세상의 빛이라'.

빛은 어둠을 비춥니다. 동편에서 떠올라 어두운 서편을 향해서 빛을 발합니다. 창세기 10장 전체를 다시 생각해 보시기 바랍니다. 축복 받은 셈의 후손보다 오히려 더 많은 분량을 차지하는 것은 저주를 받은 함의 후손들입니다. 하나님은 저주를 받은 자들에게 관심을 가지고 계십니다. 사실 우리도 본래 진노의 자녀들이었습니

다(엡 2:3).

　지난해에 동아프리카에 위치한 탄자니아에 선교를 다녀왔습니다. 탄자니아가 어디냐는 질문에 "아프리카입니다"라고 대답하면 "어떻게 거기까지 가세요?"라는 질문이 돌아옵니다. 이 질문 속에는 '왜 굳이 우리가 잘 알지도 못하는 먼 나라에 가냐'는 의문이 담겨 있는 듯합니다. 탄자니아에 가게 된 계기는 단순했습니다. 탄자니아 부코바 신학교에서 강의를 맡으신 장현 목사님께서(하늘소망교회) 동행을 요청하셨기 때문입니다. 단지 "예"라고 대답했습니다. 마치 등산하는 분들이 흔히 말하는 '산이 거기 있으니까'(George Mallory)라는 단순한 격언과 같이 구속사 말씀을 듣고자 하는 이가 있는 곳으로 가서 전하는 것은 당연한 진리로 받아들여졌습니다. 그리고 이제는 이것이 얼마나 큰 은혜였는지를 다시 생각하게 됩니다.

　"너희는 가서 모든 족속으로 제자를 삼아 아버지와 아들과 성령의 이름으로 세례를 주고 내가 너희에게 분부한 모든 것을 가르쳐 지키게 하라"(마 28:19~20)는 예수님의 명령에 성도라면 누구나 '아멘'으로 받아들이지만, 우리의 상황이 이 명령을 그대로 실천할 수 있도록 가만두질 않습니다. 누군가에게는 큰 결심과 각오를 다져야 할 선교의 일정이 제게 있어서 단순히 '예'라는 한마디로 출발할 수 있었다는 것은 정말 너무나 큰 '은혜'였습니다.

　선교지에 도착했을 때 우리를 맞이한 것은 강렬한 태양 빛과 울퉁불퉁한 비포장도로였습니다. 자동차는 포장된 도로를 달리고 더울 때는 창문을 닫고 에어컨을 켜는 것이 당연한데, 비포장도로에서 먼지를 날리며 더워서 창문을 열어야 하는 상황은 불편함 그 자체였습니다. 그렇게 비포장도로를 40분 달려 신학교에 도착하였을 때 놀라운 소식을 들었습니다. "박 목사님, 여기 신학교가 세워지니 마을이 생겼습니다." 2018년부터 2023년까지 불과 5년 만에 황무지 같은 신학교 주변에 마을이 세워진 것입니다.

지금까지 달려온 10년, 여전히 비포장도로를 달리는 것 같습니다. 그런데 지금 보니 마을이 하나 세워져 있습니다. '하늘빛'이라는 마을입니다. 주의 이름을 일할 70명의 일꾼들이 모여 있는 하늘빛 교회를 통해서 아직 어두운 서편이 점점 밝아지고 행복해지길 간절히 소망합니다. 그래서 하늘빛은 오늘도 각자의 십자가를 지고 비포장도로를 힘차게 달립니다!(눅 9:23)